绿色金融支撑
能源电力转型发展
研究与实践

吴鸿亮 等 编著

中国电力出版社
CHINA ELECTRIC POWER PRESS

图书在版编目（CIP）数据

绿色金融支撑能源电力转型发展研究与实践 / 吴鸿亮等编著 . —— 北京：中国电力出版社，2024. 10. —— ISBN 978-7-5198-9095-7

Ⅰ . F426.61

中国国家版本馆 CIP 数据核字第 2024TC3040 号

出版发行：中国电力出版社

地　　址：北京市东城区北京站西街 19 号（邮政编码 100005）

网　　址：http：//www.cepp.sgcc.com.cn

责任编辑：岳　璐（010-63412339）

责任校对：黄　蓓　朱丽芳

装帧设计：张俊霞

责任印制：石　雷

印　　刷：三河市万龙印装有限公司

版　　次：2024 年 10 月第一版

印　　次：2024 年 10 月北京第一次印刷

开　　本：710 毫米 ×1000 毫米　16 开本

印　　张：11.25

字　　数：166 千字

印　　数：0001—1000 册

定　　价：65.00 元

编 委 会 名 单

前　言

在我国向"双碳"目标全面推进的过程中，金融在引导资源配置、支持经济绿色低碳转型、防范气候变化等方面将发挥不可或缺的作用。党的二十大报告提出"完善支持绿色发展的财税、金融、投资、价格政策和标准体系"，凸显了金融在推动绿色转型发展方面的重要意义。

实现"双碳"目标，能源是主战场，电力是主力军。在能源电力行业全力推进新型能源体系的建设过程中，相关企业的金融业务板块通过积极发展绿色金融业务，为全行业及产业链上下游的绿色低碳提供了金融支持，产生了许多新的产品与业务模式。本书旨在基于相关法律法规和政策要求研判行业发展趋势，梳理总结常见的业务模式和典型实践案例，分析绿色金融如何更好地服务能源电力行业绿色低碳转型，为能源电力企业应用绿色金融产品实现低碳转型、发展绿色金融业务扩大盈利来源提供借鉴与指导。全书分为理论篇、实践篇和创新篇三个部分，具体结构安排和内容如下：

理论篇包括第一章到第三章，其中第一章对绿色金融的基本概念与相关理论进行了总结，同时梳理回顾了近年来与绿色金融相关的政策法规。第二章介绍了国内外绿色金融发展现状与布局，以及能源电力行业绿色金融的实践情况。第三章分析了绿色金融在能源电力行业低碳转型中发挥的重要作用。

实践篇包括第四章到第七章，分别介绍了融资类、投资类、交易类和风险管理类产品的基本内涵、典型模式与经典案例。

创新篇包括第八章到第十章，其中第八章重点分析了绿色金融的发展新趋势，第九章为能源电力企业发展如何发展绿色金融业务和应用绿色金融产品提供了指引，第十章为行业和企业发展提供建议并对绿色金融的未来发展进行了展望。

本书在编写时力求做到内容系统全面、语言凝练生动，希望能够为能源电力行业金融板块的从业人员、各大金融机构的从业人员及相关研究人员提供帮助。

本书由中国南方电网有限责任公司（简称南方电网公司）产业金融部宁晓龙副总经理和南方电网能源发展研究院有限责任公司左浩副院长进行技术指导并担任主审。本书在写作过程中，参考了与绿色金融相关的政策文件、论文、研究报告，以及南方电网公司金融业务板块在绿色金融领域的业务实践经验。中山大学赵慧敏副教授、中国大唐集团技术经济研究院有限责任公司孙李平研究员等专家学者为本书的编写提供了专业指导，南开大学硕士研究生梁彦希同学也为本书编写提供了支持，在此一并表示感谢。

由于时间仓促，研究水平有限，不足之处在所难免，恳请广大读者在发现问题后不吝指正。

作　者
2024 年 7 月

目 录

创 新 篇

能源电力行业绿色金
融趋势与展望
127

理论篇

能源电力行业绿色金融现状与机遇

　　近年来，绿色金融在全球发展得如火如荼。利用多样化的金融手段来解决环境与社会问题、推动可持续发展，受到了资本市场参与者与政策制定者的普遍关注。了解绿色金融的内涵和外延，以及国内外相关政策，有助于能源电力企业充分把握绿色金融发展的历史机遇，推动能源电力行业绿色转型。本书第一部分在梳理理论、政策与制度并总结回顾国内外绿色金融发展现状的基础上，分析能源电力行业在低碳转型过程中面临的金融需求，深入挖掘能源电力行业绿色金融发展机遇。

第一章 绿色金融内涵、政策与制度

随着工业化进程的加快，片面追求经济效益带来的环境污染问题引发社会各界重新审视经济与环境之间的关系，以环境为代价的经济增长理念逐渐式微，取而代之的是探索一条合理配置经济资源和环境资源，兼顾社会经济发展和环境保护的绿色经济发展道路。在此背景下，金融行业产生了为解决环境污染问题的产品与业务，逐渐形成了绿色金融的概念。本章将介绍绿色金融的基本内涵、发展历程，梳理我国绿色金融政策，为后续研究奠定基础。

第一节 绿色金融的基本内涵

一、绿色金融内涵与发展历程

绿色金融这一概念在学术界并没有统一、权威的界定。《美国传统词典》（第四版，2000 年）将绿色金融解释为"环境金融"或"可持续融资"，其基本内涵为如何使用多样化的金融工具来保护生态环境和生物多样性。和秀星（1998）认为绿色金融是指金融业在贷款政策、贷款对象、贷款条件、贷款种类和方式上，将绿色产业作为重点扶持项目，从信贷投放、投量、期限及利率等方面给予第一优先和倾斜的政策，这一观点将绿色信贷作为绿色金融的最主要部分。高建良（1998）认为绿色金融是指金融部门通过金融业务来推动可持续发展，从而促进环境资源保护和经济协调发展，并以此来实现金融业的可持续发展。此外，潘岳（2007）认为绿色金融是环境经济政策中的一种工具或手段，如绿色信贷和绿色保险。这些观点都从不同视角反映了绿色金融的一部分本质。

从我国绿色金融的发展实践看，最后一种观点更为接近绿色金融的内涵。2016 年 8 月，中国人民银行等七部委发布的《关于构建绿色金融体系的指导意见》将绿色金融定义为支持环境改善、应对气候变化和资源节约高效利用的经济活动，即对环保、节能、清洁能源、绿色交通、绿色建筑等领域的项目投融资、项目运营、风险管理等所提供的金融服务，这是目前认可度较高的观点。与传统金融相比，绿色金融更强调环境保护，它将把对环境保护和对资源的有效利用程度作为计量其活动成效的标准之一，通过自身活动引导各经济主体注重自然生态平衡。绿色金融讲求金融活动与环境保护、生态平衡的协调发展，最终实现经济社会的可持续发展。

绿色金融是一个先有实践，再发展理论体系的领域。发达国家的工业化进程早于发展中国家，也较早出现了工业发展导致的环境污染问题。因此，发达国家为解决环境污染问题而发展绿色金融的历史也较为悠久，进行了诸多实践并形成了较为完备的绿色金融制度体系，早在 20 世纪 70 年代，欧洲就出现了类似绿色信贷的产品，美国也在 20 世纪 80 年代初颁布了"超级基金法案"，该法案要求企业必须为其引起的环境污染负责，从而使得银行在发放贷款时高度关注和防范由于潜在环境污染所造成的信用风险。目前，全球绿色金融市场规模扩张迅速，产品不断丰富，创新型金融产品不断涌现，金融和生态环境保护融合的深度不断提高。绿色金融产品和服务主要包括绿色信贷、绿色债券、绿色股票、绿色股指、绿色基金、绿色保险、环境权益交易（碳排放权、排污权、用能权、水权交易市场）等。

我国的绿色金融主要由顶层设计推动，虽然起步较晚，但发展很快。在充分借鉴国际经验的基础上，经过不断探索和实践，我国的绿色金融体系已初步成型。近年来，我国通过出台绿色金融标准、披露要求、激励绿色金融产品创新等一系列措施，逐渐建立了国内绿色金融市场体系。我国最早出现的绿色金融产品是绿色信贷，2007 年 7 月，国家环境保护总局、中国人民银行和中国银行保险监督管理委员会（简称银监会）联合印发《关于落实环保政策法规防范信贷风险的意见》，强调利用信贷手段保护环境的重要意义，要求加强信贷管理工作和环保的协调配合、强化环境监管管理等。这一政策的发布，标志着绿色信贷作为经济手段全面进入我国污染减排的主战场。截至 2022 年末，我国本外币绿色贷款余额达到 22 万亿元。自 2016 年开始，绿色债券在我国也开始蓬勃发展，截至 2022 年末，我国绿色债券市场存量规模已达 2.5 万亿元。

二、"双碳"目标概念

随着全球气候变化对人类社会构成重大威胁，越来越多的国家将碳中和上升为国家战略，提出了"零碳未来"的愿景。2020年，中国基于推动实现可持续发展的内在要求和构建人类命运共同体的责任担当，宣布了"力争2030年前实现碳达峰，2060年前实现碳中和"的目标愿景。碳达峰指在某一个时间点，二氧化碳的排放不再增长，达到峰值，之后逐步回落。碳中和的"中和"即互相抵消，排出的二氧化碳或温室气体被植树造林、节能减排等形式抵消，实现碳的净零排放，就是碳中和。

三、"双碳"目标与绿色金融

绿色金融是实现"双碳"目标的重要工具，金融机构是碳达峰、碳中和的重要参与者。"双碳"新形势下，未来能源发展面临新的机遇与挑战，绿色金融也势必需要适应新的发展需要。首先，金融机构可以通过信贷、融资租赁、信托等金融工具引导社会资金投向绿色低碳行业，也可以通过债务、股权、风险投资等金融工具将自有资金投向绿色低碳行业。此外，通过在授信业务中更多地考虑借款人的环境、社会和公司治理（environmental social and governance，ESG）状况和项目的"碳强度"和"颜色"等因素，采取差别定价方式，提升高碳行业的资金成本或降低可得性，降低低碳行业的资金成本或提高可得性，引领整个行业向绿色、低碳发展。

第二节　我国绿色金融政策与发展

2016年3月，"十三五"规划纲要指出，要建立绿色金融体系，这是我国发展绿色金融首次作为国家战略提出。2016年8月，中国人民银行等七部委出台了《关于构建绿色金融体系的指导意见》，这是我国绿色金融发展的纲领性文件。2020年以来，国家加快出台系列具体落地文件，绿色金融在标准和制度建设、产品创新领域取得突出成效。2022年11月，中国人民银行行长发表题为《建设现代中央银行制度》的文章，文章指出我国要健全绿色金融体系，构建绿色金融"五大支柱"（绿色金融标准体系、金融机构监管和信息披露、绿色金融激励约束机制、绿色金融产品和市场体系、绿色金融国际交流合作），支持"碳达峰、碳中和"目标的实现：一是按照"国内统一、国际接轨、清晰可执行"的原则，建立和完善绿色金融标准体系；二是分步建设强制性的信息披露制度，有序覆盖各类金融机构和融资主体；三是健全激励约束机制，对金融机构开展绿色金融服务进行评价；四是健全绿色金融产品和市场体系，推动形成碳排放权的合理价格；五是深化绿色金融国际合作，引领国际标准制定。

目前，我国绿色金融政策的制定主要有以下三个特点：一是标准与激励约束政策愈加细化和完善。2020 年和 2021 年中国人民银行分别发布了《银行业存款类金融机构绿色金融业绩评价方案（征求意见稿）》和《银行业金融机构绿色金融评价方案》，两份文件都将金融支持绿色产业发展情况纳入银行业金融机构的绿色业绩考核中，绿色贷款和绿色债券也被纳入考核范围。二是在创新产品探索，绿色技术开发支持方面显示出政策倾斜趋势。中国银行保险监督管理委员会（简称银保监会现为国家金融监督管理总局）在 2019 年发布的《关于推动银行业和保险业高质量发展的指导意见》中，鼓励探索对碳金融、气候债券、蓝色债券❶、环境污染责任险、气候保险等创新型绿色金融产品的开发，并且进一步放开电力领域节能环保竞争性业务，鼓励公共机构推行能源托管服务。2021 年国务院发布的《关于加快建立健全绿色低碳循环发展经济体系的指导意见》中明确指出，要支持企业整合外部资源，建立绿色技术创新联合体，鼓励企业牵头或参与财政资金支持的绿色技术研发项目、市场导向明确的绿色技术创新项目。三是鼓励大力发展清洁能源行业，并通过政策引导绿色产业重点发展方向。2019 年，中华人民共和国国家发展和改革委员会（简称国家发展改革委）、中国人民银行等七部委联合发布《绿色产业指导目录》，对绿色项目作出标准界定，厘清了绿色产业边界。中国人民银行、国家发展改革委和中国证券监督管理委员会（简称

---

❶ 蓝色债券指募集资金用于可持续型海洋经济（又称蓝色经济）项目的债券，是一种绿色债券。

证监会）在 2021 年发布的《绿色债券支持项目目录（2021 年版）》中，更加细化了绿色项目的数据要求。同时，在中国人民银行发布的《金融机构环境信息披露指南（试行）》指引下，广东省组织银行业开展环境信息披露试点工作，多家银行发布年度环境信息披露报告，对绿色投融资的有关节能数据有了更加系统的要求。

从产品层面看，我国绿色金融相关细分领域也有了很大的发展和进步，主要体现在以下三个方面。

一、绿色信贷政策已相对完善

绿色信贷是指金融机构发放给企（事）业法人、个人或国家规定可以作为借款人的其他组织用于支持环境改善、应对气候变化和资源节约高效利用，投向节能环保、清洁生产、清洁能源、生态环境、基础设施绿色升级、绿色服务等领域的贷款，也被称为可持续融资或者环境融资。近年来，我国在监管层面已初步形成了包括顶层设计、统计分类制度、考核评价体和激励机制在内的绿色信贷政策框架。表 1–1 总结了近期我国绿色信贷相关政策。

表 1–1　　　　　　　　近期我国绿色信贷相关政策汇总

发布时间	发布部门	政策名称	主要内容	政策类型
2020 年	中国人民银行	《关于印发〈银行业存款类金融机构绿色金融业绩评价方案〉的通知（征求意见稿）》	绿色金融评价指标包括定量和定性两类，其评价结果将纳入央行金融机构评级等央行政策和审慎管理工具	支持类
2021 年	中国人民银行	《银行业金融机构绿色金融评价方案》		支持类
2022 年	银保监会	《银行业保险业绿色金融指引》	强调银行保险机构应当积极支持清洁低碳能源体系建设；鼓励银行保险机构提升绿色金融管理水平，采取差异化、便捷化的管理措施；要求银行保险机构加强内控管理和信息披露，建立绿色金融考核评价体系	支持类

二、绿色债券项目标准统一，发行与投资端扶持政策迅速落地

绿色债券指将所募集资金专门用于资助符合规定条件的绿色项目的债券工具。2021 年 4 月 21 日，中国人民银行、国家发展改革委和证监会联合发布《关于印发〈绿色债券支持项目目录（2021 年版）〉的通知》（银发〔2021〕96 号），对绿色债券做出最新定义：绿色债券是指将募集资金专门用于支持符合规定条件的绿色产业、绿色项目或绿色经济活动，依照法定程序发行并按约定还本付息的有价证券，包括但不限于绿色金融债券、绿色企业债券、绿色公司债券、绿色债务融资工具和绿色资产支持证券。该目录在绿色项目的认定上更加科学准确并力求与国际接轨，发行与投资端扶持支持政策迅速落地。表 1-2 总结了近期我国绿色债券专项政策。

表 1-2　　　　　　　　近期绿色债券专项政策汇总

发布时间	发布部门	政策名称	主要内容	政策类型
2019 年	中国人民银行	《关于支持绿色金融改革创新试验区发行绿色债务融资工具的通知》	鼓励试点地区企业创新开展绿色债务融资工具结构创新。交易商协会为试验区内企业发行绿色债务融资工具开辟绿色通道，加强绿色债务融资工具注册服务。支持即报即核，专人负责	支持类
2020 年	银保监会	《关于推动银行业和保险业高质量发展的指导意见》	强调大力发展绿色金融，鼓励发行绿色债券和绿色信贷资产证券化，探索气候债券、蓝色债券等创新型绿色金融产品	支持类
2021 年	银行间市场交易商协会	《关于明确碳中和债相关机制的通知》	支持发行包括光伏、风电及水电等项目的碳中和债，并开通绿色通道，支持中长期债务。明确碳中和债募集资金应全部专项用于绿色项目	规范类

发布时间	发布部门	政策名称	主要内容	政策类型
2021 年	国家发展改革委	新闻发布会讲话	将围绕实现碳达峰、碳中和要求,支持综合经济实力强、国际化经营水平高、风险防控机制健全的企业赴境外发行相关债券,着力引导外债资金用于绿色低碳循环发展	支持类
2022 年	银保监会	《银行业保险业绿色金融指引》	强调银行保险机构应当积极支持清洁低碳能源体系建设;鼓励银行保险机构提升绿色金融管理水平,采取差异化、便捷化的管理措施;要求银行保险机构加强内控管理和信息披露,建立绿色金融考核评价体系	支持类
2022 年	银行间市场交易商协会	《关于开展转型债券相关创新试点的通知》	创新推出转型债券,募集资金专项用于低碳转型领域,试点领域包括电力、建材、钢铁、有色、石化、化工、造纸、民航八个行业	支持类

三、绿色保险政策加速落地,市场化风险管理作用凸显

绿色保险是管理环境与气候风险的重要工具,旨在促进环境改善,积极应对气候变化。目前,我国绿色保险相关政策文件不断出台,绿色保险制度体系初步建立,投融资流程正逐步规范。近两年,随着原银保监会和中国保险业协会接连发文,支持保险业探索创新绿色保险和金融产品,促进行业适应经济社会绿色、低碳转型,绿色保险的发展开始提速,各地方政府亦积极响应,通过地方性法规和行政手段引导企业积极投保绿色保险。长三角示范区执委会会同两省一市银保监部门、生态环境部门和两区一县政府联合发布《长三角生态绿色一体化发展示范区绿色保险实施意见》,鼓励保险机构以共保体模式承保,通过三地共保联治,实现"跨区同城化通赔",促进一体化示范区生态环境持续改善。海南省生态环境厅印发《关于进一步推进环境污染责任保险试点工作的通知》，明确推进多行业试水环境污染责任保险，扩大试点范围。这些政策的出台，为绿色保险的健康发展、积极创新创造了良好的环境，为行业发展打下坚实基础。表 1-3 总结了近期我国绿色保险专项政策。

表 1-3 近期我国绿色保险专项政策汇总

发布时间	发布部门	政策名称	主要内容	政策类型
2016 年	中国人民银行、银监会	《关于构建绿色金融体系的指导意见》	大力发展绿色保险，在环境高风险领域建立环境污染强制责任保险制度，鼓励和支持保险机构创新绿色保险产品和服务，参与环境风险治理体系建设	支持类
2018 年	生态环境部	《环境污染强制责任保险管理办法（草案）》	对环境污染责任保险的"强制性"做出了明确的规定，进一步规范健全环境污染强制责任保险制度	支持类
2020 年	银保监会	《关于推动银行业和保险业高质量发展的指导意见》	探索碳金融、气候债券、蓝色债券、环境污染责任保险、气候保险等创新型绿色金融产品，支持绿色、低碳、循环经济发展，坚决打好污染防治攻坚战	支持类
2021 年	国务院	《关于加快建立健全绿色低碳循环发展经济体系的指导意见》	加强绿色保险发展，发挥保险费率调节机制作用	支持类
2022 年	银保监会	《关于印发绿色保险业务统计制度的通知》	要求全国各保险公司准确把握绿色保险的内涵及意义、充分认识建立绿色保险业务统计制度的重要性、分步骤有序推进绿色保险业务统计工作等	规范类

续表

发布时间	发布部门	政策名称	主要内容	政策类型
2022 年	银保监会	《银行业保险业绿色金融指引》	强调银行保险机构应当积极支持清洁低碳能源体系建设；鼓励银行保险机构提升绿色金融管理水平，采取差异化、便捷化的管理措施；要求银行保险机构加强内控管理和信息披露，建立绿色金融考核评价体系	支持类

四、小结

随着中国"双碳"战略的稳步推进，在这一进程中承担重要功能的绿色金融必将得到蓬勃发展。目前，我国绿色金融政策体系已初步成型，未来的绿色金融政策体系会更加全面、系统，政策体系建设将继续向纵深延伸，与其他重大战略的协调一致性也会进一步提升。预计监管层将进一步强化绿色金融的基础制度建设，包括统一绿色分类标准、评价体系和信息披露制度等。市场间的均衡发展将逐渐变为重点，绿色保险、ESG 投资、碳排放权交易等短板领域的政策将加速完善。此外，气候变化带来的物理风险和转型风险将受到重视，未来政策将会鼓励金融机构开展气候风险分析，披露气候因素对金融机构收入、支出及投融资的（潜在）影响。

第二章 绿色金融发展现状及布局

金融是资源配置的重要工具之一，实现低碳、可持续发展需要运用金融手段优化资源配置。在各国利用金融业务推进绿色经济发展的过程中，绿色金融这一概念逐渐被公众接纳，绿色金融实践活动更加广泛，绿色金融业务种类愈加丰富，绿色金融相关制度逐步建立并完善。本章首先介绍国际绿色金融发展情况，随后介绍中国绿色金融发展情况，最后分别梳理国际和国内能源电力行业绿色金融实践情况。

第一节　国际绿色金融总体发展情况与布局

绿色金融的分类方法包括功能分类、支持的对象分类、金融工具的类型分类、标准适用的管辖范围分类。根据绿色金融支持的对象不同，主要有绿色项目、绿色企业和绿色活动。根据金融工具类型不同，主要包括绿色信贷、绿色债券和绿色企业评级。根据标准适用的管辖范围的不同，分为国际机构、国家或地区监管机构、地方政府和企业发布的绿色分类标准四类。按功能分类，绿色金融在项目投融资、项目运营、风险管理中发挥不同功效。具体来说，绿色金融业务实践过程中，投融资发挥了绿色金融的基础职能，碳排放权及其衍生品交易市场发挥了绿色金融对环境资源的定价功能，环境风险管理与信息披露产品发挥了绿色金融对企业绿色行为的保障与监督功能，绿色金融的职能得到进一步扩展。本书根据绿色金融业务的功能不同，将绿色金融业务归纳为融资类绿色金融业务、投资类绿色金融业务、交易类绿色金融业务和风险管理类业务四种类型。

一、融资类绿色金融业务

融资类绿色金融业务主要功能是为支持环境改善、应对气候变化和资源节约高效利用的经济活动提供融资服务，包括绿色信贷、绿色债券、绿色融资租赁等业务。在融资类绿色金融业务实践中，绿色信贷和绿色债券的业务开展规模较大，占据主要位置。

（一）绿色信贷

国际上采用"赤道原则"❶作为衡量绿色信贷的黄金标准，该原则是由花旗集团、荷兰银行、巴克莱银行、西德意志州立银行等世界主要金融机构根据国际金融公司和世界银行的政策和指南制定的金融行业基准，旨在决定、评估、管理项目融资过程中所涉及的环境和社会风险。随着赤道原则的推广，采用该原则的金融机构数量日渐增多，遵守赤道原则已成为商业银行向公众展示其履行环境与社会责任的重要标志。截至 2023 年 4 月，全球共有 38 个国家的 138 家金融机构承诺采用赤道原则，其中非洲和中东地区 13 家，亚太地区 58 家，欧洲 42 家，拉丁美洲 12 家，北美地区 13 家，遵守赤道原则的金融机构主要分布在亚太地区和欧洲。

另一项涉及绿色信贷的国际原则为"负责任银行原则"❷（Principles for Responsible Banking，PRB），该原则包括一致性、影响与目标设定、客户与顾客、相关方、公司治理与银行文化、透明与责任六个主要条款，旨在为银行建设可持续发展体系提供一致的框架，鼓励银行在最重要、最具实质性的领域设定目标，在战略、投资组合和交易层面，以及所有业务领域融入可持续发展元素。"负责任银行原则"由联合国环境规划署金融行动机构（United Nations Environment Programme Finance Initiative，UNEP FI）牵头，中国工商银行、花旗银行、巴克莱银行、法国巴黎银行等 30 家银行组成核心工作小组共同制定，正式发布于 2019 年 9 月 22 日举行的纽约联合国大会期间，全球 130 家银行签署了该原则，合计资产总额超过 47 万亿美元，约占全球银行业资产总规模的三分之一。截至 2023 年 4 月，全球签署"负责任银行原则"的金融机构有 325 家，其

---

❶ "赤道原则"官网：https://equator-principles.com/members-reporting/。

❷ "负责任银行原则"官网：https://www.unepfi.org/members/。

中非洲和中东地区 29 家，亚太地区 61 家，欧洲 171 家，拉丁美洲 51 家，北美洲 13 家，发达国家对绿色信贷业务的参与程度更高。

自"赤道原则"和"负责任银行原则"成为衡量绿色信贷的主要准则以来，国际绿色信贷规模快速增长，由于各金融机构独立统计的绿色信贷业务与常规信贷业务难以在报表中分类统计，国际绿色信贷资金规模并没有具体统计数据，对绿色信贷业务发展规模和发展趋势的判断以符合"赤道原则"和"负责任银行原则"的金融机构数量为基础。

（二）绿色债券

绿色债券指将所募集资金专门用于资助符合规定条件的绿色项目的债券工具。绿色债券与普通债券在四个方面存在区别：一是债券募集资金的用途不同，绿色债券募集资金应用于绿色项目；二是绿色项目的评估与选择程序不同，绿色债券发行人应向投资者阐明项目的环境可持续发展目标、是否遵从绿色项目类别的评估流程、负面清单及其他用于识别和管理与项目相关的潜在重大风险的流程等相关准入标准；三是募集资金的跟踪管理不同，绿色债券的募集资金净额或等额资金应记入独立子账户、转入独立投资组合或由发行人通过其他适当途径进行跟踪，并经发行人内部正式程序确保资金用途与绿色项目相关；四是对相关环境信息的披露要求不同，绿色债券发行人应当记录、保存并且每年更新募集资金的使用信息，直至募集资金全部投放完毕，并在发生重大事项时及时更新相关信息。

从气候债券倡议组织（Climate Bonds Initiative，CBI）历年发布的统计数据来看，在存量数据方面，2015 年末，全球绿色债务总额累计达到 1040 亿美元；2020 年末，绿色债券市场规模累计已经达到 1 万亿美元；2021 年，全球绿色债券累计发行量超过 1.5 万亿美元。在流量数据方面，2017 年，全球年度绿色债券发行量首次突破 1000 亿美元大关；2021 年，绿色债券发行量继续增长，全球绿色债券发行量超过 5000 亿美元（5174 亿美元），这是绿色债券有史以来的最高发行值，且增长趋势已持续十年，过去五年的平均增长率超过 50%。2021 年，绿色债券年发行规模前 20 名的国家中，美国（835 亿美元）保持领跑地位，德国（682 亿美元）位居第二，中国（633 亿美元）超过法国位居第三，法国和英国排名第四和第五，排名第六至第十的依次为西班牙、荷兰、意大利、瑞典、超国家组织。

从发行用途上来看，可再生能源领域吸引了不同行业和不同发行人类型绿色投资的最大份额。气候债券倡议组织市场资讯平台披露的数据显示，2021 年绿色债券募集资金主要投向（见图 2-1）可再生能源、低碳建筑、低碳交通、水基础设施和土地使用领域，资金占比分别为 35%、30%、18%、6%、5%。

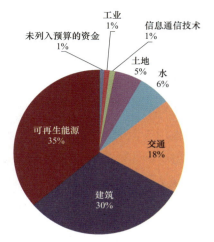

图 2-1　2021 年绿色债券募集资金主要投向

二、投资类绿色金融业务

投资类绿色金融业务指综合考虑经济、社会、环境等因素，顺应可持续发展战略，促使企业在追求经济利益的同时，积极承担相应的社会责任，从而为投资者和社会带来持续发展的价值的金融活动，主要业务类型包括绿色基金。

绿色基金指专门针对节能减排战略、低碳经济发展、环境优化改造项目而建立的专项投资基金。美国在 1982 年成立了世界上第一支绿色基金（calvert balanced portfolio A），英国随后在 1988 年推出本国第一支绿色基金——Merlin 生态基金。绿色基金在 20 世纪发展相对缓慢，进入 21 世纪，随着社会责任投资

（socially responsible investment，SRI）理念的兴起，绿色基金开始进入加速发展阶段，美国、日本、欧洲等发达国家和地区是绿色基金业务主要分布地区。

美国作为最早成立绿色基金的国家，自 1996 年成立社会投资论坛（Social Investment Forum，SIF）以来，绿色基金进入快速发展阶段。1997 年，美国绿色基金总额为 195.73 亿美元，2005 年达到 1500 亿美元。绿色基金作为社会责任投资基金的组成部分，其规模随着社会责任投资基金规模的持续增长而扩张。根据美国 SIF 基金会发布的《美国可持续的、负责任的和有影响力的投资趋势》报告结果，2017 年美国采用 SRI 策略进行管理的资产总额达到 12 万亿美元，比 2016 年增长了 3.3 万亿美元。

日本的绿色基金起步较晚，但是发展势头较快。日本 Nikko 资产管理公司于 1999 年发行了第一支绿色基金（Nikko Eco-Fund）。根据《日经新闻》提供的资料，日本在 1999—2001 年期间累计发行了 12 支绿色基金，合计 867.82 亿日元；在 2002—2006 年期间发行绿色基金 4 支；在 2007 年发行绿色基金 20 支；在 2009 年累计绿色基金存量为 42 支，资金总额为 2403 亿日元。2013 年，日本环境部成立日本绿色基金（Japanese Green Fund，JGF），旨在通过杠杆作用将私人投资引入低碳基础设施建设领域。截至 2016 年底，JGF 参与的绿色项目达 24 项，金额为 88 亿日元。2022 年 7 月 19 日，日本新能源产业技术综合开发机构（NEDO）宣布将启动绿色创新基金支持的"构建智能移动社会"项目（总预算 1130 亿日元）和"开发用于电动汽车节能的车载计算和模拟技术"项目（总预算 420 亿日元）。日本绿色基金在基础设施建设和高新技术产业发展过程中起到了积极作用。

欧洲国家在绿色基金实践过程中起步相对较晚，并且绿色基金在 SRI 投资份额中占比较低。随着欧洲国家成为 SRI 投资最大的市场，欧洲与环境相关的投资增长迅速。2011 年，环境投资相关的资产从 2009 年的 7.15 万亿美元增长到 8.76 万亿美元。与日本的 JFG 相似，欧盟委员会（European Commission）于 2008 年创办全球能效和可再生能源基金（GEEREF），以政府和社会资本合作（public-private-partnership，PPP）组织架构形式，通过母基金的杠杆效应吸引社会资本为可再生能源和能效项目、绿色基础设施项目提供股权投资。2021年，欧洲议会正式批准了总规模达175亿欧元的绿色转型基金。通过社会投资基金和政府投资基金来共同发展绿色基金已经成为许多欧洲国家的共识。

三、交易类绿色金融业务

交易类绿色金融业务服务于有关绿色产品或要素交易的市场活动，主要业务类型包括碳排放权交易、排污权交易等。

（一）碳排放交易

碳市场是指将二氧化碳排放权作为资产标的进行交易的市场，是一个由政府政策主导的，旨在通过市场机制有效减少温室气体排放，实现经济的可持续发展和人类生存环境优化的人为市场。

根据国际碳行动伙伴组织❶（International Carbon Action Partnership，ICAP）2022年3月22日发布的中文版《碳排放权交易实践手册：设计与实施（第二版）》提供的数据，截至2021年，全球四大洲的36个国家、17个州或省及7个城市已经实施了碳排放交易体系（carbon emissions trading system，ETS），这些地区的GDP总量占全球的42%。全球约有46个国家级司法管辖区和35个城市、州和地区将碳定价作为其减排政策的核心组成部分，这些区域的温室气体（greenhouse gases / greenhouse gas，GHG）排放占全球排放总量的近四分之一。

为了降低减排成本，欧洲联盟（简称欧盟）于2005年启动碳排放交易体系，在国际上形成最早和发展最成熟的碳排放权交易机制，为其他国家和地区提供了比较成功的实践经验。欧盟碳排放交易体系（EU-ETS）的发展包括试验阶段（2005—2007年）、改革阶段（2008—2012年）、深化阶段（2013—2020年）、常态阶段（2021—2030年）。2020年，欧盟碳市场开盘价为24.2欧元/吨，随后受新冠肺炎疫情影响跌至16欧元/吨。截至2022年10月，欧盟碳市场开盘价格达到66.55欧元/吨。目前，EU-ETS仍然是世界上最大的碳排放交易体系，交

---

❶ 国际碳行动伙伴组织官网：https://icapcarbonaction.com/zh/。

易额占世界碳交易总量的 75% 以上。

2006 年，美国加利福尼亚州政府出台《全球变暖解决方案法案》（AB32 法案）以应对气候变化，设定了 2020 年温室气体排放下降到 1990 年排放水平的减排目标。2013 年，加利福尼亚州正式启动总量控制与交易计划，以碳限额排放及交易项目的形式对温室气体排放进行控制，有 600 家年排放达到 2.5 万吨的企业被纳入交易市场，总量排放达到加利福尼亚州温室气体排放的 85%，由加利福尼亚州空气资源委员会进行管理。2016 年 9 月 30 日，加利福尼亚州通过 SB32 法案，对 AB32 法案中 2030 年和 2050 年减排目标要求进一步减少 40% 和 80% 以上的碳排放量。2017 年 7 月，则通过 AB398 法案和 AB617 法案继续延长加利福尼亚州碳市场期限至 2030 年。加利福尼亚州碳市场不断扩大与北美碳市场的合作，成为继欧盟和中国之后的全球第三大碳市场。此外，国际上还包括美国区域碳污染减排计划（regional greenhouse gas emission reduction action，RGGI）、韩国碳市场和加拿大魁北克省碳市场等，国际碳市场发展势头良好。

（二）排污权交易

排污权交易指在一定区域内，在污染物排放总量不超过允许排放量的前提下，内部各污染源之间通过货币交换相互调剂排污量的一种交易活动，旨在实现减少排污量、保护环境的目的。

排污权交易由美国最先进行实践并形成了比较成熟的交易体系。为了应对酸雨问题，美国国会于 1990 年通过了《清洁空气法》修正案，第 4 条提出了酸雨计划，确定了到 2010 年美国二氧化硫年排放量在 1980 年水平上削减 1000 万吨的目标。为了保障二氧化硫许可交易有效运行，建立了由参加单位确定、初始分配许可、许可证交易、审核调整许可四个部分构成的二氧化硫排污交易体系。美国的二氧化硫许可交易实践在经济增长的同时实现了二氧化硫排放量的大幅度减少。此外，美国的排污权交易制度还被推广到水污染控制等其他领域，美国国家环境保护局（Environmental Protection Agency，EPA）于 1996 年制定了流域排污权交易制度，并于 2003 年制定了水环境质量交易政策，大大推动了水环境领域排污权交易的发展。

排污权交易实践目前仅局限于少数发达国家，除了美国，还包括澳大利亚、加拿大、德国等。这些国家都不同程度地借鉴了美国的排污权交易制度实践经验。澳大利亚在流域管理方面开展了水污染物排污权交易；加拿大为了控制酸雨问题和削减臭氧层消耗物质推行了 SO_2、NO_x 及 CFC_s（氯氟烃）交易。从排污权交易制度实践情况来看，该制度已成为一些发达经济体应对污染物排放的有效政策工具。

四、风险管理类绿色金融业务

风险管理类绿色金融业务主要服务于对环境风险的控制，旨在通过保险产品降低与环境和气候相关的自然灾害和事件造成的风险，以及由于政府政策和技术等人为因素导致的转型风险。

（一）绿色保险

绿色保险又被称为生态保险、环境污染责任保险或污染法律责任保险，是在市场经济条件下进行环境风险管理的一项基本手段。其功能包括通过保费支出减少企业经营不确定性；将环境治理成本内部化，减少企业投资环境风险过大的项目。

2012 年，在联合国可持续发展大会上，发布了《联合国环境规划署国际金融协会可持续保险原则》（简称《可持续保险原则》，*Principles for Sustainable Insurance*，PSI），以此作为保险业应对环境、社会和治理风险和机遇的全球指导性框架。PSI 包括四项基本原则：将 ESG 问题融入保险业务；与客户和业务伙伴努力提高对 ESG 问题的认识，管理相关风险并制订解决方案；与政府、监管机构和其他主要相关方共同推动全社会就 ESG 问题采取广泛行动；定期公开披露执行原则进展情况。

2021 年，全球签署可持续保险原则的机构已经超过 200 家，采用 PSI 的保险公司保费占全球保费的比重超过 25%，管理资产达 14 万亿美元，绿色保险业务市场需求旺盛。

（二）环境风险管理与信息披露产品业务

随着全球风险格局的转变，环境与气候变化相关风险成为风险管理的重要组成部分。2021 年，世界经济论坛（World Economic Forum，WEF）发布的《全球风险报告》提出，未来十年环境风险仍然是发生概率最高的风险事件，排名前三的风险事件依次是极端天气、气候行动失败、人类环境破坏。国际保险监督官协会（International Association of Insurance Supervisors，IAIS）将环境和气候风险总结为物理风险和转型风险，物理风险是由气候变化和事件等物理现象带来的损失，转型风险是向低碳转型进程中引发的风险。环境风险管理产品的开发有助于各国应对物理风险和转型风险带来的经济损失。目前，各国对环境风险管理产品的开发并不充分，环境风险管理产品的应用范围比较有限。

信息披露产品业务通常被包含在可持续投资 / ESG 投资业务范畴内。ESG 投资旨在将企业在环境保护、社会责任及公司治理三个非财务方面的表现纳入投资决策之中，而非按照传统框架仅仅考虑财务利润及成长性等因素进行投资选择。全球可持续投资联盟❶（Global Sustainable Investment Alliance，GSIA）发布的数据显示，2020 年可持续投资在全球投资行业持续盛行，管理资产达到 35.3 万亿美元，两年内增长 15%，总计相当于该报告所涵盖地区所有专业管理资产的 36%。分地区来看，2020 年欧洲、美国、加拿大、澳大利亚、日本可持续投资管理资产分别为 12.02、17.08、2.42、0.91、2.87 万亿美元。2016—2020 年全球主要国家和地区可持续投资规模见表 2-1。

表 2-1　　2016—2020 年全球可持续投资管理资产规模（亿美元）

国家和地区	2016 年	2018 年	2020 年
欧洲	120400	140750	120170
美国	87230	119950	170810
加拿大	10860	16990	24230
澳大利亚	5160	7340	9060

❶　全球可持续投资联盟官网：http://www.gsi-alliance.org/。

续表

国家和地区	2016 年	2018 年	2020 年
日本	4740	21800	28740
合计	**228390**	**306830**	**353010**

从 2014 年到 2020 年，欧洲、美国、加拿大、澳大利亚、日本可持续投资年
均增长率分别为 1%、17%、21%、36%、168%。其中，日本初始规模最小，但
是增长速度最快；欧洲经历了从增长到降低的发展过程，主要原因是其对可持续
投资定义收紧，体现出欧洲可持续金融行动计划新法案的实施。各主要国家和地
区可持续投资增长率情况见表 2-2。

表 2-2　　　2014—2020 年全球可持续投资管理资产增长率（%）

国家和地区	2014—2016	2016—2018	2018—2020	2014—2020
欧洲（EUR）	12	11	−13	1
美国（USD）	33	38	42	17
加拿大（CAD）	49	42	48	21
澳大利亚（AUD）	248	46	25	36
日本（JPY）	6692	307	34	168

注　欧洲统计口径包括奥地利、比利时、保加利亚、丹麦、法国、德国、希腊、意大利、
西班牙、荷兰、波兰、葡萄牙、斯洛文尼亚、瑞典、英国、挪威、瑞士、列支敦士登。

图 2-2 展示了可持续投资业务在全球的分布情况。根据 GSIA 公布的数据，
2020 年欧洲、美国、加拿大、澳大利亚、日本可持续投资占统计规模的比重分
别为 34%、48%、7%、3%、8%，可持续投资业务主要分布于欧美地区。

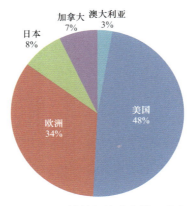

图 2-2 可持续投资业务地区分布

五、小结

绿色金融业务在主要发达国家得到了积极实践，为后续各个国家开展绿色金融业务提供了丰富的经验和方法论借鉴。

国际绿色金融业务实践经验显示，发达国家仍然是绿色金融业务的前期探索者和主要参与者，欧美国家在融资类、投资类、交易类和环境风险管理与信息披露产品业务方面领先于发展中国家，绿色金融业务的规模和多样化程度均高于发展中国家。

从公开获取的数据来看，国际绿色金融业务实践的主要类型是融资类业务，对投资类、交易类及风险管理类业务的参与程度明显不及融资类业务。基于绿色金融内在的发展理念，绿色金融业务资金主要投向可再生能源、低碳建筑、低碳交通、水基础设施和土地使用领域。

第二节　我国绿色金融总体发展情况与布局

欧美发达国家为应对工业化带来的环境问题，率先开展绿色金融业务实践，随着我国工业化的快速实现，加速了绿色金融业务的发展需要。目前，我国绿色金融业务规模快速增长，有力支撑了我国经济社会的低碳转型发展。但是，我国绿色金融仍面临业务结构不能适应需求、激励机制不完善等一系列问题。以银行为主导的融资体系不能有效支持直接融资需要，绿色项目的激励机制有限，造成企业对于项目绿化的动力不足，亟待进一步优化提高。

一、融资类绿色金融业务

（一）绿色信贷

我国绿色信贷增速高于各项信贷增速。根据中国人民银行发布的金融机构贷款投向统计报告，2022 年二季度末，金融机构人民币各项贷款余额 206.35 万亿元，同比增长 11.2%。其中，本外币绿色贷款 19.55 万亿元，同比增长 40.4%，高于上期 7.4 个百分点。绿色贷款占总体贷款余额的 9.47%，其中，投向具有直接减排效益项目的贷款为 8 万亿元，投向具有间接碳减排效益项目的贷款为 4.93 万亿元，两者合计占绿色贷款的 66.2%。从绿色信贷规模来看，2018 年以来绿色信贷规模持续增长；2020 年以来，绿色信贷增速总体呈上升趋势。图 2-3 展示了自 2018 年末以来我国绿色信贷的变化情况。季度数据显示，2019 年三季度以来，绿色信贷同比增速始终保持两位数。

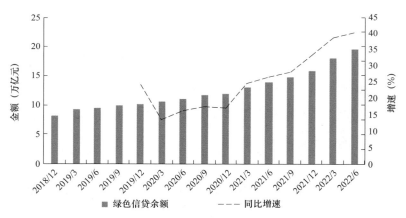

图 2-3　2018 年末至 2022 年二季度绿色信贷余额和增速

根据中国人民银行公布的绿色贷款数据，2022 年二季度末，基础设施绿色升级产业、清洁能源产业、节能环保产业贷款余额分别为 8.82 万亿元、5.04 万亿元、2.63 万亿元，同比增速分别为 32.2%、40.8%、62.8%。

从行业看，电力、热力、燃气及水生产和供应业绿色贷款余额 5.08 万亿元，同比增长 30.8%，上半年增加 6039 亿元；交通运输、仓储和邮政业绿色贷款余额 4.39 万亿元，同比增长 10.3%，上半年增加 2631 亿元。从绿色信贷投放渠道看，能源电力行业对绿色信贷业务需求旺盛。图 2-4 展示了 2018—2021 年绿色信贷用途变化情况。

图 2-4　2018—2021 年绿色信贷用途

（二）绿色债券

中国人民银行研究局的数据显示，2021 年我国境内主体共发行绿色债券 628 只，金额合计 6040.91 亿元。2021 年末，境内绿色债券余额达 1.1 万亿元。截至 2022 年 6 月末，我国绿色债券存量达 1.2 万亿元，位居全球第二位。同花顺 iFinD 统计数据显示，2022 年前三季度我国绿色债券发行规模已经超过 2021 年全年。2016—2021 年，我国境内绿色债券发行规模总体呈上升趋势，但绿色债券占债券发行规模仍不到 1%。表 2-3 展示了 2016—2021 年我国境内主体绿色债券发行情况。

表 2-3　　　　2016—2021 年我国境内主体绿色债券发行情况

年份	发行量（亿元）	占债券发行总量比重（%）
2016	2017.85	0.56

年份	发行量（亿元）	占债券发行总量比重（%）
2017	2044.80	0.50
2018	2200.53	0.50
2019	2850.46	0.63
2020	2135.82	0.37
2021	6040.91	0.98

数据资料来源：中国人民银行研究局课题组《2021年我国绿色债券市场发展回顾与展望》。

从发行人类型来看，气候债券倡议组织公布的数据显示，2021年我国近一半绿色债券由非金融机构发行，发行量同比增长482%，达到2011亿元人民币，占中国整体绿色债券市场发行量的46%。金融企业绿色债券发行量同比增长237%，达到1550亿元，占整体绿色债券市场发行量的35%。政府支持实体、开发性金融机构和地方政府的绿色债券发行量分别占中国整体绿色债券市场发行量的11%、8%、1%。

从募集资金的使用情况来看，88.3%的绿色债券资金被用于可再生能源、低碳交通和低碳建筑领域。2021年，国内用于可再生能源的绿色债券资金为2664亿元人民币，占绿色债券市场整体募集资金（境内外）的60.6%；用于低碳交通的绿色债券资金为826亿元人民币，占绿色债券市场（境内外）发行量的18.8%；用于低碳建筑的资金为393亿元人民币，占绿色债券市场（境内外）发行量的8.9%。

（三）绿色租赁

绿色租赁主要覆盖清洁能源、节能环保、绿色出行、绿色建筑、生态旅游、智能制造等领域，主要设备包括太阳能光伏板、风电机、绿色船舶、新能源汽车、轨道交通装备、港口装备设备等。兴业金融租赁2020年在绿色金融相关标准的基础上，结合实践经验，提出了《绿色租赁行业标准目录》，梳理了十大类绿色产业相关资产目录及解释。但目前行业内尚无统一且权威的业务与统计评价标准，对全国绿色租赁业务总体规模及其投放路径尚缺乏基础统计数据。

二、投资类绿色金融业务

我国绿色基金取得了较快发展，但绿色基金整体规模仍然较小，主要投向为新能源、环保、低碳技术等，其中新能源占比最高。2021年，中国证券投资基金业协会开展第三次自评估，《基金管理人绿色投资自评估报告（2021）》公布了评估结果，在1918份自评估调查反馈结果中获得822份有效样本，较2020年增长了73.1%。

从基金类别来看，公募基金中，将"绿色投资"明文纳入公司战略的机构有24家，占样本公募机构的42.9%；开展绿色投资研究的机构有47家，占比为83.9%；有38个机构发行过以绿色投资为目标的产品，占样本公募机构比重为67.9%。公募机构在绿色投资战略管理、绿色投资制度建设、绿色投资产品运作等业务实践中持续向好。

私募证券机构中，将"绿色投资"明文纳入公司战略的机构数量占样本私募证券机构的14.7%，开展绿色投资研究的机构数量占比为61.9%，仅有3.1%的机构发行过以绿色投资为目标的产品。私募股权机构中，将"绿色投资"明文纳入公司战略的机构数量占样本私募股权机构的19.4%，开展绿色投资研究的机构数量占比为50.4%，有13.3%的机构发行过以绿色投资为目标的产品。私募机构的绿色投资战略管理、绿色投资制度建设、绿色投资产品运作等业务实践尚处于探索阶段。

总体而言，公募机构样本数少于私募机构，但绿色投资实践中公募机构比私募机构更加活跃。就绿色投资产品运作情况来看，38家样本公募机构发行过或正在发行以绿色投资为目标的产品合计106只，仅有12家样本私募证券机构发行了16只以绿色投资为目标的产品，46家样本私募股权机构发行过75只以绿色投资为目标的产品。

三、交易类绿色金融业务

2011年，国家发展改革委批准在北京、天津、上海、重庆、广东、湖北和深圳（深圳碳市场独立于广东碳市场）七个省市进行碳排放权交易试点，随后于2016年在四川、福建建立碳交易所，基本形成了我国碳市场总体布局。2020年11月，试点碳市场共覆盖电力、钢铁、水泥等20余个行业，涉及近3000家重点排放单位，累计配额成交量约为4.3亿吨二氧化碳当量，累计成交额近100亿元人民币。截至2021年6月底，碳市场试点省市累计配额成交量4.8亿吨二氧化碳当量，成交额约114亿元。

2021年7月16日，全国碳排放权交易市场启动上线交易，第一个履约周期共纳入发电行业重点排放单位2162家，年覆盖二氧化碳排放量约45亿吨，成为全球覆盖排放量规模最大的碳市场。2021年12月22日，全国碳市场第一个履约周期运行平稳，碳排放配额累计成交量1.4亿吨，累计成交额58.02亿元。截至2022年12月22日，全国碳市场共运行350个交易日，碳排放配额累计成交量2.23亿吨，累计成交额101.21亿元。

从碳配额价格波动情况来看，碳排放配额价格的波动在不同的履约周期中呈现出不同的特征。从各试点碳市场运行情况来看，2019—2020年各试点配额价格总体保持稳定：北京全年价格大多数时候维持在80元/吨以上，上海均价维持在40元/吨左右，湖北价格稳定在20～30元/吨之间，广东稳定在20～30元/吨之间，天津的价格维持在25元/吨左右，重庆碳价在2019年底至2020年中期达到30元/吨、后回落至15元/吨左右，深圳2020年不同类型的配额价格差异较大。而与国际上其他主要碳市场相比，我国试点碳市场碳价仍处于较低水平。

四、风险管理类绿色金融业务

（一）绿色保险

绿色保险是管理环境与气候风险的重要工具，旨在促进环境改善，积极应对气候变化。随着经济社会的低碳转型，绿色保险产品不断创新迭代，除了大众较为熟悉的环境污染责任险、森林保险、巨灾保险，清洁能源、绿色交通、绿色建筑等相关保险产品也逐渐进入市场。

中国保险业协会统计数据显示，2018—2020 年，保险业累计为全社会提供绿色保险保障的保额达 45.03 万亿元，支付了 533.77 亿元赔款，绿色保险的风险保障功效得到了充分发挥。2020 年，绿色保险保额约 18.33 万亿，较 2018 年增加 6.30 万亿元，年均增长率达 23.43%。2020 年，绿色保险赔付金额 213.57 亿元，较 2018 年增加 84.78 亿元，年均增长率达 28.77%，而保费年均增长率仅为 6.81%。2018—2020 年，用于绿色投资的余额从 3954 亿元增加至 5615 亿元，年均增长率达 19.17%，绿色保险对绿色产业、绿色技术的资金扶持力度进一步提升。表 2-4 展示了 2018—2020 年中国绿色保险业发展概况。

表 2-4 2018—2020 年绿色保险概况

年份	绿色保险保额（万亿元）	绿色保险保额占保险业保额比重（%）	绿色保险赔付额（亿元）	绿色保险赔付额占保险业赔付额比重（%）
2018	12.03	0.17	128.79	1.05
2019	14.68	0.23	191.41	1.48
2020	18.33	0.21	213.57	1.54

资料来源：原银保监会，《保险业聚焦碳达峰碳中和目标助推绿色发展蓝皮书》。

分领域来看，2020 年，绿色保险为环境污染提供保险保障达 5.39 万亿元，规模较 2018 年增长 1.2 万亿元，年均增速 14.38%；为清洁能源产业提供 1.96 万亿元保险保障，比 2018 年增加 0.57 万亿元，年均增速 20.5%；2020 年，绿色交通保险总保额达到 6.34 万亿元，比 2018 年增加 3.78 万亿元，年均增速 73.83%；2020 年，绿色建筑保险总保险金额为 1017 亿元，比 2018 年增加 218 亿元，年均增速为 13.64%。在各类保险业务中，绿色交通保险和环境污染保险在 2020 年绿色保险保额中占比最大。

（二）环境风险管理与信息披露产品

目前，我国环境风险管理和环境信息披露产品规模较小。环境风险管理业务通常作为企业绿色低碳发展的研究方向，主要电力企业陆续将环境风险管理纳入风险管理体系，但相关产品披露制度仍有待完善。环境信息披露产品主要包括上市公司的社会责任报告和公共环境数据两大类。企业主要通过企业社会责任报告主动披露环境数据。尽管上市公司企业社会责任报告数量迅速增加，但是报告中披露的有效环境数据较少，且披露的环境数据以定性为主，缺乏定量数据，这些问题限制了信息披露产品业务的开发和应用。运用关键定量指标（MQI指标）体系对中证100指数成分股中的86份企业社会责任报告的评估发现，在经济、环境、社会、劳工、产品5个维度中，经济类指标披露水平最佳，平均披露率87%，而环境类指标披露率仅为42%。近年来，随着信息披露制度的逐步完善，关于环境风险管理与信息披露的绿色金融业务规模加快增长。财新数据显示，2020年9月底，国内近1/3公募基金管理人关注并参与了权益类ESG公募基金投资，累计资产管理规模超过1230亿元。

五、小结

我国融资类绿色金融业务规模巨大，绿色信贷和绿色债券是满足融资需求的主要手段。我国以银行为主导的金融体系决定了社会融资结构以银行信贷为主，绿色信贷在商业银行满足绿色融资需求中具有举足轻重的作用。绿色债券是实体企业为满足具体业务发展而开展的绿色金融业务，企业在发债时具有较强的主动性，因此成为绿色融资业务的重要组成部分。

投资类、交易类、环境风险管理与信息披露产品业务居于次要地位，是绿色金融服务于不同目的而开展的金融业务。绿色基金作为主要的投资类绿色金融业务兼顾了社会效益和经济效益，整体规模较小，但保持高增长态势。我国碳市场总体布局基本形成，而与国际上其他主要碳市场相比，碳市场交易规模不大，各试点碳市场价格交易机制还不完善。从我国环境风险管理和环境信息披露产品以及相关业务规模发展来看，环境风险管理与信息披露产品业务实践仍处在起步阶段，绿色保险业务发展较慢，信息披露制度和业务评价体系仍需要进一步完善和发展。

与国际绿色金融业务发展情况相比，我国绿色金融业务结构过于单一，绿色信贷和绿色债券占绿色融资总量的比例高达97%，绿色金融多元化发展不充分。我国绿色金融业务中融资类业务占据主导地位，与主要发达国家结构相似；绿色信贷和绿色债券增长迅速，但绿色债券与绿色信贷总体量与发达国家相比，仍存在较大差距。此外，我国投资类绿色金融业务发展相对滞后，绿色投资产品规模和多样化程度较低，其中，绿色基金产品数量和资金规模远低于美国、日本及欧洲等国家和地区，这不利于绿色金融产业的协同发展。从交易类绿色金融业务发展来看，与主要发达国家差距明显，2021年开启全国统一碳交易市场，启动进程缓慢；碳市场交易规模不大；各试点碳市场价格交易机制还不完善。环境风险管理与信息披露产品业务与发达国家差距较大，环境风险控制产品类型少，不能满足社会经济绿色转型的需求，公开、透明、规范的环境信息披露体系尚未建立，企业社会责任报告中披露的有效环境数据较少，报送口径不一致，且缺乏定量数据，限制了环境风险管理与信息披露类产品开发的进程。

第三节　国际能源电力行业绿色金融实践情况

随着绿色金融业务实践的深入发展，能源电力行业对绿色金融的需求开始得到关注，探讨国际能源电力行业绿色金融实践情况对于理论研究和业务实践具有重要意义。

（1）在融资业务方面，截至2022年5月25日，彭博有限合伙企业（Bloomberg）数据显示全球绿色债券资金投向的17个方向中，可负担的清洁能源存量绿色债券数量占比为21%，在各方向中比重最高。从绿色债券主要发行人行业分布情况来看，电力行业存量债券数量排名第四，存量债券余额排名第五，金额接近2000亿美元。存量绿色债券前二十大发行人中，电力行业有2位发行人，发行金额达249亿美元。分地区来看，欧洲电力行业绿色债券存量接近1000亿美元，规模最大，北美地区电力行业绿色债券存量超过 500 亿美元，亚洲地区电力行业绿色债券存量约 300 亿美元，南美洲、大洋洲、非洲地区电力行业绿色债券存量规模较小。

（2）在投资业务方面，东吴证券研究所分析了全球 5 大绿色债券基金持仓结构。截至 2022 年 6 月 28 日，绿色债券指数基金（iShares Green Bond Index Fund）为全球持有量最高的绿色债券基金，该基金持仓金额中，电力行业约 800 亿美元，排名前二的依次为国家政府和银行业债券。欧利盛基金—绝对绿色债券（eurizon fund-absolute green bonds）为全球持有量第二大的绿色债券基金，截至 2022 年 6 月 28 日，该基金持有仓位排名第二的是电力行业债券，仅次于国家政府发行债券。安盛环球基金—全球绿色债券（AXA world fund-ACT global green bonds）、联袂荷兰机构（NN investment partners）设立开放基金（NN L green bond）、安联绿色债券基金（allianz green bond）作为全球持有量第三至第五大的绿色债券基金，电力行业发行绿色债券在这些基金机构持仓结构中均占据重要地位。

（3）在交易业务方面，2022 年 3 月，欧盟理事会通过碳关税方案，形成了自己的碳关税方案，主要参考了欧盟委员会提出的碳边境调节机制（CBAM）方案，纳入范围限于水泥、电力、化肥、钢铁和铝。从欧盟碳排放交易体系（EU-ETS）四个发展阶段所覆盖的行业可以看出欧洲能源电力行业碳交易发展趋势。第一阶段（2005—2007 年）20 兆瓦以上电厂被列为覆盖行业，所覆盖行业 95% 配额免费分配；第二阶段（2008—2012 年）电厂继续包含在覆盖行业列表，90% 配额免费分配；第三阶段（2013—2020 年）和第四阶段（2021—2030 年）电力配额 100% 拍卖。总体而言，欧洲电力行业的碳交易市场化程度不断提升。美国碳交易实践过程中，美国加利福尼亚州碳市场在碳排放权交易三个阶段均纳入了发电行业，美国区域碳污染减排计划（RGGI）于 2009 年正式启动，计划到 2018 年将每个州发电部门的碳排放量按 2009 年的水平减少 10% 配额，2020 年在 2005 年水平上削减 50%，2030 年在 2020 年水平上削减 30%。此外，韩国、加拿大碳市场均将电力行业纳入碳交易体系。

（4）在环境风险管理和信息披露业务方面，国际能源电力企业根据经济环境、技术水平、发展目标采取差异化的实施策略。绿色保险是为经济社会可持续发展提供必要保障的重要组成部分，也是各市场参与方实现相关风险管理的重要工具，但由于环境风险管理业务的识别难度较高、历史经验不足、可量化程度不高，深入研究国际能源电力行业环境风险管理业务实践情况还有待统计技术的进一步发展和更多数据作为支撑。在信息披露产品业务方面，主要发达国家对企业社会责任披露设定了严格的标准，国际能源电力行业注重社会责任报告披露质量和信息披露制度建设，为发展中国家提供了成功的经验借鉴。

（5）从国际能源电力行业绿色金融业务实践来看，融资业务占据主导地位，并且绿色债券是融资业务最常用的手段。与专业投资公司相比，能源电力企业作为绿色产业的主要参与者，对发行绿色债券和获取绿色信贷需求更高，因此融资需求通常高于投资需求。从大型基金债券持仓结构数据来看，电力行业债券是绿色投资的重要标的。国际主要碳交易市场均将电力行业纳入碳交易体系，随着国际碳交易市场规模的扩张，能源电力行业碳交易潜力巨大。尽管还没有系统分析国际能源电力行业环境风险管理与信息披露产品业务的权威研究，但从国际可持续投资增长趋势及能源电力行业与绿色发展的密切关系来看，能源电力行业环境风险管理与信息披露产品在金融业务中将发挥更加突出的作用。

第四节　我国能源电力行业绿色金融实践情况

与国际能源电力行业相比，我国能源电力行业绿色金融实践起步较晚，但是增长较快，绿色金融业务已初具规模。我国能源电力行业绿色金融业务结构与主要发达国家相似，参与程度最高的是融资类绿色金融业务，绿色投资和绿色交易业务居于次要地位，环境风险管理业务仍处在探索应用阶段，信息披露产品业务开始取得积极成效。

一、融资类业务

我国各商业银行绿色信贷的分行业投放渠道没有在财务报表中详细列出，因此难以统计能源电力企业绿色信贷的获取时间和资金规模，能源电力行业绿色信贷还没有建立完善的数据库。由于能源电力行业特点，绿色债券数据同样具备一定的代表性。基于可获取的数据，在介绍我国能源电力行业绿色债券发行情况时以两大电网公司［国家电网有限公司（简称国家电网公司）和中国南方电网有限责任公司（简称南方电网公司）］和"五大四小"［五大发电集团：中国华能集团有限公司、中国大唐集团有限公司（简称中国大唐）、中国华电集团有限公司、中国国电集团有限公司、国家电力投资集团有限公司。四小豪门：国投电力控股股份有限公司（简称国家电投），中国神华能源股份有限公司国华电力分公司、华润电力控股有限公司（简称华润电力）、中国广核集团有限公司（简称中广核）］发电集团作为分析对象。

根据中国外汇交易中心❶公布的数据，各电力企业中，国家电网有限公司（简称国家电网公司）于 2016 年 10 月 12 日成功推出首期碳中和债券 100 亿元。其中，3 年期和 5 年期发行总额均为 50 亿元，三年期票面利率 2.80%，五年期票面利率 2.99%。随后，各电力企业纷纷通过发行绿色债券为转型发展进行融资。2017 年能源电力行业新增绿色债券 20 亿元，2019 年新增绿色债券 115 亿元，2020 年新增绿色债券 30 亿元，2021 年新增绿色债券规模达 823 亿元。截至 2022 年末，两大电网公司和"五大四小"发电集团累计发行绿色债券 1162.37 亿元，其中三峡集团 2021 年发行十五期绿色债券合计 430 亿元，在各电力企业中年度发行绿色债券规模最大。

根据气候债券倡议组织公布的数据，我国 2021 年发行绿色债券 633 亿美元，国内用于可再生能源的绿色债券资金为 2664 亿元人民币，占绿色债券市场整体募集资金（境内外）的 60.6%，说明能源电力行业对绿色债券业务的需求较高。

二、投资类业务

在绿色基金方面，根据《基金管理人绿色投资自评估报告（2021）》披露的

---

❶ 中国外汇交易中心官网：https://www.chinamoney.com.cn/chinese/index.html。

样本数据，345家样本私募股权机构中有53家建立了绿色表现正面评价方法，清洁能源产业是投资标的绿色表现的主要评价维度之一。具体来看，样本私募证券机构投资业务的主要目标是为了促进绿色环保产业、可再生能源及资源循环利用的公司及产业发展。我国能源电力行业是绿色环保产业、可再生能源及资源循环利用产业的主要参与者，能源电力企业预期成为我国绿色基金主要的投资标的。

主要大型发电集团也作为绿色基金的管理者开展了相关绿色投资业务。2021年11月，国家能源投资集团有限责任公司（简称国家能源集团）在京举办绿色低碳发展投资基金成立仪式，并签署了子基金合作协议及项目投资协议。该基金由国家能源集团资本控股有限公司联合国家能源集团三家核心上市公司中国神华能源股份有限公司、国电电力发展股份有限公司、龙源电力集团股份有限公司共同发起设立，采用"母子基金"架构运营模式，"母子基金"整体规模达150亿元，主要投资方向为低碳项目投资并购、国家能源集团主业和产业链上下游战略性项目、国家能源集团重点科研项目转化及产业化应用、成员单位混合所有制改革等领域，旨在通过多元化的金融工具支持新能源投资及绿色低碳发展。截至2021年底，国能绿色低碳发展投资基金仅单只基金就完成首批33.7万千瓦光伏项目投放，项目投资额2.7亿元，其中湖北宜城、河南林州等合计20.4万千瓦项目顺利完成首次并网发电，标志国能绿色低碳发展投资基金首批新能源项目投资顺利落地。

三、交易类业务

目前，我国能源电力行业交易类绿色金融业务实践相对滞后，交易规模占整体市场比重不高，交易类业务仍处在起步阶段。根据北京市碳排放权电子交易平台公布的数据，2021年12月31日，全国碳排放权交易市场第一个履约周期顺利结束。全国碳市场第一个履约周期共纳入发电行业重点排放单位2162家，全年覆盖温室气体排放量约45亿吨二氧化碳。截至2022年5月5日，全国28个省份披露了全国碳市场首个履约周期碳配额清缴情况。其中，上海、广东等省的

103 家发电企业重点排放单位纳入全国碳市场第一个履约周期的履约完成度达到 100%。

在碳交易市场，由于发电企业自持碳资产较多，参与程度显著高于电网企业。我国能源电力行业在绿色交易领域开展了深入实践，国家能源集团、国家电投、中国大唐、华润电力等大型发电集团纷纷参与碳排放权交易。其中，国家能源投资集团旗下青山热电成为全国碳市场注册登记结算系统首家开户公司并完成开市第一单交易。2021 年 11 月 21 日，国家能源集团作为全球最大的火力发电公司提前完成全国碳市场第一个履约周期清缴履约工作，所属 149 家火电企业和化工自备电厂实现 100% 履约，总计交易量达 1129 万吨。国家电投、中国大唐、华润电力等发电集团也积极参与全国碳市场首日交易，主动完成碳配额履约清缴工作。

四、风险管理类绿色金融业务

在绿色保险方面，《保险业聚焦碳达峰碳中和目标助推绿色发展蓝皮书》公布了清洁能源保险的发展情况。清洁能源保险主要覆盖风电、光伏、水电和特高压等产业在建设和运营期可能面临的风险，是推动能源电力行业转型发展的重要金融工具。2018—2020 年，清洁能源保险的保额分别为 1.39 万亿元、1.8 万亿元、1.96 万亿元，年均增速 18.7%。2018—2020 年，清洁能源保险的保额中，企财险占保额的比重在 86% 以上，企财险的赔款额占清洁能源保险赔款额的比重从 53.61% 上升到 78.56%。未来能源电力行业可以继续充分利用绿色保险对绿色低碳技术提供的风险保障，积极开发和应用绿色保险业务持续推动能源电力行业转型发展。

在环境风险管理方面，各电网公司和发电集团将其作为绿色低碳发展的研究方向，仍处在探索应用阶段。能源电力企业根据自身发展阶段、技术水平、管理目标对环境风险管理产品应用有所调整，行业内部应用情况差异明显。国家电网公司 2021 年发布的环境保护报告显示，将电网环境风险评价及管控纳入电网环境保护与风险控制实验室生态安全体系的重要研究方向。南方电网公司将环境风险检查纳入绿色运营过程，强化环境保护风险防控，完善监督常态化机制，开展"自查 + 巡查"环境保护全过程技术监督，形成整改清单，并按月治理。在发电集团中，国家能源集团 2021 年上线运行生态环境监察系统，实现重点污染源在线监测全覆盖、重点产业生态治理遥感监测全覆盖、节能环保数据统计监测全覆盖和碳资产管理"四统一"，并扎实推进生态环境隐患治理，完成 20 家单位环保综合诊断，闭环整改重大隐患 307 项。其他发电集团也陆续将环境风险管理纳入风险管理体系。

能源电力行业在信息披露产品业务方面进行了有效实践。国家电网公司从 2005 年开始披露企业社会责任报告，在能源电力行业中最早开展信息披露业务实践活动。南方电网公司随后于 2007 年开始披露企业社会责任报告，并且信息披露的内容逐年丰富，信息披露质量稳步提高。各发电集团在两大电网公司之后陆续披露企业社会责任报告。截至 2021 年末，两大电网公司和九大发电集团均建立了社会责任报告披露体系。随着信息披露产品业务在能源电力行业的充分实践，信息披露产品的质量明显提高，信息披露体系也逐渐完善。相较于其他行业，能源电力行业在信息披露业务方面取得了比较显著的成效。信息披露产品业务发展为能源电力行业将 ESG 理念应用于投资和管理活动提供了有效支撑，部分电力企业在 ESG 管理和投资体系方面进行了理论和实践探索。2022 年 4 月，南方电网公司组织开展了 ESG 管理体系研究，南方电网公司在 ESG 应用领域初步开展工作探索，为进一步的业务拓展打下了良好基础。2022 年 12 月，"中央企业 ESG 联盟"宣告正式成立，国家电网公司和国家能源集团成为首批成员，能源电力企业在助力央企 ESG 体系建设过程中扮演了重要角色。

第三章 绿色金融助力能源电力转型发展的重要作用

国内外在积极探索绿色金融推动绿色经济发展的具体实践中，积累了丰富的经验案例，形成了可供参考的方法体系和制度框架。随着绿色金融业务深入开展，绿色金融对能源电力行业转型发展的作用进一步体现，系统探讨绿色金融推动能源电力行业转型发展的作用机制具有重要的理论意义和现实价值。本章首先介绍绿色金融相较于传统金融所具有的优势，随后从推动能源转型、建设新型能源体系、创造企业价值三个方面阐述绿色金融推动能源电力行业转型发展的重要作用。

第一节　绿色金融在推动绿色经济发展方面具有特殊优势

我国绿色金融对推动绿色经济发展的作用越来越突出，这离不开一系列政策的支持与推动。例如，2017 年 12 月 18 日，国家发展改革委发布《全国碳排放权交易市场建设方案（发电行业）》。2017 年 12 月 19 日，中国人民银行印发《关于推广信贷资产质押和央行内部（企业）评级工作的通知》，明确将经央行内部评级达标的绿色贷款纳入货币政策操作合格担保品范围，随后决定适当扩大中期借贷便利（MLF）担保品范围。2021 年 4 月 21 日，中国人民银行等三部委联合发布《绿色债券支持项目目录（2021 年版）》，首次统一了绿色债券相关管理部门对绿色项目的界定标准。与传统金融业务相比，绿色金融在资源配置、风险管理、市场定价功能方面具有独特优势。图 3-1 展示了绿色金融三大功能的具体内涵。

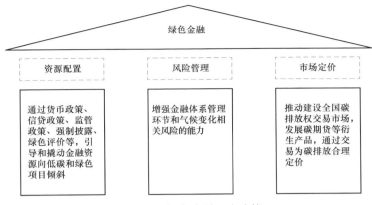

图 3-1 绿色金融三大功能

（1）在资源配置方面，绿色金融业务可以通过货币政策、信贷政策、监管政策、强制披露、绿色评价等方式，引导和撬动金融资源向低碳和绿色项目倾斜。传统金融市场缺乏将环境效益外部性纳入成本收益分析框架的具体方法，难以通过金融业务实现经济效益和社会效益之间的平衡，而绿色金融业务将环境效益纳入分析框架，能够应对传统金融在平衡两种效益时面临的困境。从国际绿色金融业务实践情况来看，2021 年全球绿色债券发行规模超过 1.5 万亿美元，绿色金融为低碳和绿色项目提供了充足的资金支持。

（2）在风险管理方面，绿色金融业务对风险管理提出了更严格的要求，可以增强金融体系管理环节和气候变化相关风险的应对能力。绿色金融通过绿色保险等业务为风险管理环节应对风险提供金融保障，以防范金融体系与气候环境相关的风险。金融体系由于面临转型风险和物理风险，也需要通过开展环境信息披露、气候风险压力测试等一些举措来增强金融体系自身管理气候变化相关风险的能力。2021 年，全球签署可持续保险原则的机构已经超过 200 家，采用可持续保险原则的保险公司保费占全球保费的比重超过 25%，管理资产达 14 万亿美元，满足了市场对风险管理涌现的新需求。传统金融在风险管理方面，忽略了气候和环境变化等因素对风险管理效率的影响，也没有开发出如绿色保险一样的风险管理工具。

（3）在市场定价方面，绿色金融在融资类业务、交易类业务方面比传统金融业务具有更加灵活的定价机制。在融资类业务方面，金融机构对绿色信贷提供差别化利率，可以通过利率定价优惠机制引导资金支持绿色低碳项目，而传统信贷业务在引导资金投向绿色低碳项目时缺乏相应的激励方式。在交易类业务方面，绿色金融可以推动建设全国碳排放权交易市场，发展碳期货等衍生产品，通过市场交易为碳排放权合理定价，而传统金融业务并不涉及碳排放权交易的定价问题。截至 2021 年，全球有四大洲的 36 个国家、17 个州或省，以及 7 个城市已经实施了碳排放权交易体系，越来越多国家通过碳市场对环境收益和成本进行定价，以应对环境效益的外部性问题。

第二节　绿色金融能够助力推动能源转型

近年来，中国以推进落实生态文明建设和可持续发展战略为目标，制定和出台了一系列针对绿色金融相关领域的标准和操作细则，完善了绿色金融体系构建，推动了绿色金融发展的项目落地，加快了绿色金融市场的成长。

从中国的实践情况来看，我国虽然出台了很多绿色低碳相关的政策，但金融机构并没有在此方面开发足够配套的金融手段，直到 2008 年绿色信贷政策的出台，加大了国家环境整治力度，中国的绿色金融才进入加速阶段。十九大报告中明确提出，要"加快生态文明体制改革，建设美丽中国"，在中国大力推进生态文明建设、全面贯彻绿色发展理念的大背景下，对绿色金融业务的市场需求不断扩大。2016 年，中国人民银行发布《关于构建绿色金融体系的指导意见》（银发〔2016〕228 号），中国绿色发展顶层设计开始确立，绿色金融体系初步形成。随后，绿色金融政策主要围绕落实绿色金融顶层设计展开，中国绿色金融开始由中央向地方铺开，绿色金融国际合作的深度与广度都有所加大，绿色信贷、绿色证券、绿色基金、绿色保险、地方绿色金融等领域都取得了长足进展。从能源发展趋势看，我国能源发展和使用体现出四大趋势：一是化石能源使用比例下降；二是可再生能源快速发展；三是终端用能电气化水平逐步提高；四是低碳氢能等新型用能方式不断涌现。此过程中，绿色金融在以上四个方面都发挥了重要作用，绿色金融在推动能源转型的资本基石作用逐渐凸显，主要表现在以下三个方面。

（1）绿色融资业务为推动能源转型提供低成本资金支持。各金融机构对绿色信贷提供差别化利率，能源电力行业可以充分利用利率优惠政策获取低成本资金支持绿色低碳项目。例如，根据中国农业银行绿色金融信息披露的内容，2022年第三季度中国农业银行累计发放碳减排贷款802.6亿元，贷款加权平均利率3.65%，有效推动了年度碳减排量。能源电力企业也可以通过主动发行绿色债券等形式吸引低成本社会资金进入绿色低碳项目，将环境效益转化为经济效益，既满足了能源转型的资本需求，也满足了社会公众的投资需求。从电网企业和发电企业发行绿色债券情况来看，绿色债券利率与普通债券相比均有所降低，各电力企业通过绿色债券获得了比传统融资渠道更低成本的资金支持。

（2）绿色投资业务为推动能源转型积累市场需求。我国绿色投资方式越发多元化，根据不同的项目需要，或是适配符合的金融支持项目，或是探索新的创新模式，目前绿色投资已经不仅仅是绿色基金、绿色保险等少数金融项目，政策也支持这方面的创新尝试并且不断优化市场环境。绿色项目股权投资是近年来热度较高的领域，一方面，绿色项目有优惠政策补贴；另一方面，参与企业可借助绿色项目实现自身转型。随着绿色投资业务体系的发展，投资者可以通过绿色基金、绿色资产支持证券、ESG投资、股权投资等方式以满足日益多元化的投资目标，为推动能源转型积累了大量的绿色投资需求。

（3）绿色交易业务为推动能源转型构建市场交易体系。我国绿电和碳排放权交易市场都取得显著发展。在绿电交易中，交易量不断增加，绿电的环境溢价亦得到市场认可。在碳排放权交易市场，具体表现为交易量激增、碳价上涨。碳排放权交易采取适当配额分配策略，保障碳减排主体参与碳排放权交易的积极性。碳交易对电力企业发展具有深远影响，电力企业可以通过发展碳金融业务，对抗市场风险，并且通过碳资产管理获利。此外，电力企业可根据历史数据预测碳价做好配额管理，根据市场行情交易碳配额尽可能降低履约成本从而通过配额获取收益，提高企业盈利能力。我国在碳市场交易以及价格机制运行方面的实践活动可为推动能源转型培育市场交易体系。

金融是资源配置的重要工具之一，实现低碳、可持续发展需要运用金融手段优化资源配置。推进能源转型，需要充分调动资本力量，为行业发展提供充足的资金支持和保障。与传统金融相比，绿色金融能够发挥杠杆作用，引导资源从高能耗、高污染部门流向低能耗、环境友好部门，促使能源与生态环境协同发展。

第三节　绿色金融是建设新型能源体系的重要手段

党的二十大报告提出，深入推进能源革命，加强煤炭清洁高效利用，加大油气资源勘探开发和增储上产力度，加快规划建设新型能源体系，统筹水电开发和生态保护，积极、安全、有序地发展核电，加强能源产供储销体系建设，确保能源安全。在我国加快构建新发展格局的政策背景和"双碳"目标指引下，构建更加多元、清洁、低碳、可持续的新型能源体系是保障国家能源安全和转变经济发展方式的重要环节。在构建新型能源体系的过程中，投资需求涉及领域多、覆盖面广、时间跨度大，对资本市场的依赖程度高，需要以绿色金融作为关键手段，引导社会资本支持新型能源体系建设。

（1）绿色金融支撑能源行业转型发展需要。2022年能源消费结构数据显示，煤炭消费量占能源消费总量的56.2%，能源消费仍以传统化石能源为主。构建新型能源体系应进一步优化能源生产结构，拓展水力、风力、海洋、太阳能、氢能等多种能源获取方式。在"双碳"目标下，新型能源体系新增投资需求旺盛，据不完全统计，仅2023年上半年，我国全口径新能源投资金额就超过5万亿元，煤电转型、新型电力系统建设同样需要大量资金支持，这显然不可能靠企业自身筹集，需要充分发挥绿色金融的资源配置功能，引导社会资本向新型能源体系倾斜，以满足行业的投资建设需要。

能源转型发展为金融系统提供优质资产。据多个不同口径测算，绿色贷款在未来十年内有望成为第一大贷款类型。考虑以房地产投资建设为代表的传统行业发展已经进入平台期，而以能源行业绿色转型带来的绿色项目发展迅猛，将成为银行绿色信贷的重要项目来源，避免银行"资产荒"。在当前的管理绩效评估（management performance assessment，MPA）考核和银行考评政策下，绿色信贷占比较高的银行可获得更高的 MPA 得分，绿色贷款的不良率较低，资产质量亦优于其他类型对公贷款。银行有将贷款结构"绿化"的考核压力和现实需要。同样，绿色债券、绿色投融资、绿色保险，包括绿色保险资管产品均有"绿化"的预期。建设绿色、低碳的新型能源体系将为金融系统提供优质资产，可实现双赢。

（2）绿色金融满足能源转型多元融资需求。中央经济工作会议要求，要正确认识和把握碳达峰、碳中和。传统能源逐步退出要建立在新能源安全可靠的替代基础上。建设新型能源体系，要立足以煤为主的基本国情，抓好煤炭清洁高效利用，增加新能源消纳能力。从中可以看出，能源转型是个长期的过程，这期间面临多种需求，需要实现以煤炭为主的化石能源清洁低碳化、以风光为主的可再生能源规模化、以主要用户为主的提效节能体系化，持续优化化石能源、可再生能源、提效节能三者关系，同时加强能源产供储销体系建设。在此过程中，涉及发、输、配、用电各领域、源网荷储各环节、电力与其他能源系统协调联动，存在大量新业态、新业务和新模式创新，各类市场主体广泛参与、充分竞争，投资主体更加多元化、投资需求更加多样化。绿色金融能够通过融资类、投资类、交易类业务有效引导资本市场满足新型能源体系多元化融资需求，为新型能源体系产业链各环节参与主体提供资本支持。

（3）绿色金融赋能新型能源体系全生命周期发展。建设新型能源体系需要综合考量我国现有技术储备、基本国情、发展目标及国际形势，制定符合新型能源体系生命发展周期的能源低碳技术升级路线。由于新能源并网储能、新型电力系统等一批能源领域重点技术条件尚不成熟，在新型能源体系发展初期，投资不确定性较高，投资收益率短期内将处于低位，短期回报和中长期绩效之间矛盾突出。绿色金融可将生命周期因素纳入投融资分析过程，从科技成果转化、试点示范的投资，到大规模推广应用的融资需要，资本市场退出，辅以建设运营的保险保障，满足新型能源体系发展不同阶段的投融资需求，有效推进资本市场赋能新型能源体系全生命周期发展。

第四节 绿色金融为企业价值创造提供新动能

中国正处在绿色经济转型时期，大量绿色产业崛起，成为新的经济增长点，为金融机构提供了大量的绿色投资机遇。能源电力行业是绿色产业的主要参与者，在满足市场绿色投资需求中扮演着关键角色，积极开展绿色金融业务可为企业盈利贡献新的增长点，提升企业可持续发展能力。

（1）绿色金融为企业带来新的盈利增长点。全球碳中和背景下，能源行业转型过程中存在大量绿色投融资机会。在融资市场，能源电力企业多为大型企业集团，利用自身的主体信用优势，结合绿色信贷、碳减排支持工具、煤炭清洁高效利用专项再贷款等结构性货币政策工具，可有效降低融资成本，提升效益。在投资方面，可再生能源发电、智能变电和检测装备、储能技术创新和实践等领域存在大量可持续投资机会。在二级市场方面，绿色投资市场同样业绩良好，具有显著优势。以证券市场为例，截至 2022 年 8 月底，沪深 300 ESG 基准指数、中证 500 ESG 基准指数自 2017 年 7 月以来的累计收益比母指数分别高 1.09 和 7.10 个百分点。综上，绿色金融的快速发展将带来诸多机遇，绿色金融业务可为能源电力企业带来新的盈利增长点。

（2）绿色金融发挥企业可持续发展潜力。能源企业大力发展绿色金融，有助于识别重点发展方向，确立战略新兴产业，同时通过重大绿色项目建设运营，带动产业链上下游协同发展，发挥企业和行业可持续发展潜力。绿色金融试点政策推动企业可持续发展的具体实现路径包括三条：一是资本市场效应（capital market effect），绿色金融试点政策通过影响企业融资决策和资源配置，建立绿色产业、项目优先的政府服务通道，使得试点地区的绿色企业在资本市场上更具有吸引力，从而改善其长期的资本市场表现；二是信息披露效应，政府与金融部门共享企业环保信息，可以有效监督企业绿色信贷的授权和使用情况，倒逼企业提高绿色信贷的利用效率；三是实际效应（real effect），即绿色金融试点改善了试点地区绿色企业的实际经营环境与能力，降低企业融资成本和债务成本，对企业发展的可持续性和稳定性产生积极影响，最终提升企业价值。

实践篇

能源电力行业绿色金融产品应用与发展

　　融资类绿色金融产品、投资类绿色金融产品、交易类绿色金融产品及风险管理类绿色金融产品在使用方式、功能作用、成本收益等方面都具有明显差异，能源电力行业要充分利用好绿色金融产品，了解这些产品特点和实践经验是必经之路。本书第二部分重点阐述能源电力行业绿色金融最新业务实践，对于每一类产品，分别从产品概述、产品应用基本模式、典型案例等方面展开介绍。

第四章 融资类绿色金融产品应用与发展

随着"双碳"目标的提出和"可持续发展"理念的普及，我国绿色金融产品在近年来也得到了快速发展，其中融资类绿色金融产品发挥了不容忽视的作用，为绿色企业和产业的发展"输血供氧"。本章将主要对绿色信贷、绿色债券、绿色租赁等绿色融资产品进行重点介绍。

第一节　融资类绿色金融产品概述

一、绿色信贷

（一）产品简介

绿色信贷是指金融机构发放给借款人用于支持环境改善、应对气候变化和资源节约高效利用，投向节能环保、清洁生产、清洁能源、生态环境、绿色服务等领域的贷款，也被称为可持续融资或者环境融资。绿色信贷的特殊性体现在对贷款企业的严格要求，会把符合环境检测标准、污染治理效果和生态保护作为信贷审批的重要前提，充分考虑企业经营业务所面临的环境和社会风险，实行差别化授信政策。

目前，我国绿色信贷颇具规模，在绿色融资中占据了主导地位，近年来，随着政策框架体系逐步完善，我国建立了全世界最大的绿色信贷市场。从统计口径来看，当前国内主要有中国人民银行和银保监会两种主流的统计口径。

截至 2023 年上半年，根据中国人民银行统计口径，我国本外币绿色贷款余额 27.05 万亿元，同比增长 38.4%，高于各项贷款增速 27.8 个百分点，较年初增加 5.45 万亿元。绿色信贷主要用于基础设施绿色升级、清洁能源等领域，其中基础设施绿色升级产业、清洁能源产业和节能环保产业贷款余额分别为 11.85 万亿元、6.8 万亿元和 3.93 万亿元，同比分别增长 34.3%、35% 和 49.2%；行业分布上，电力、热力、燃气及水生产和供应业绿色贷款余额 6.43 万亿元，同比增长 26.6%, 交通运输、仓储和邮政业绿色贷款余额 5 万亿元, 同比增长 13.9%。
我国近三年绿色信贷规模如图 4-1 和图 4-2 所示。

图 4-1 绿色信贷规模（按用途划分）

图 4-2 绿色信贷规模（按行业划分）

原银保监会统计口径方面, 2013 年银监会发布《绿色信贷统计制度》, 每半年组织国内 21 家主要银行业金融机构开展绿色信贷统计工作, 截至 2023 年上半年, 国内 21 家主要银行机构绿色信贷余额达 25 万亿元, 较年初增长 33%, 其中国有大行的绿色信贷余额占比超过 50%。

根据《中国责任投资年度报告 2020》及中国金融学会绿色金融专业委员会（简称中国绿金委）测算, 未来绿色投资占全社会固定资产投资的比重应该超过 25%, 因此绿色信贷作为绿色融资的主要来源, 其增长率有望持续高于全部信贷的整体增速。

就资金投向而言，当前监管部门发布了绿色信贷统计口径，对信贷资金绿色化流向做出了明确指引，主要包含以下三类：

（1）绿色项目。既包含直接产生环境效益的节能减排项目，如余热余压的利用、固体废物综合利用、水气声渣环境污染防治等，也包含其他衣食住行等人类生存必需的绿色项目，如绿色交通、绿色建筑等。

（2）绿色概念项目。这类项目通常是从生态文明理念出发，具有一定的绿色属性，但项目包中的部分内容可能不属于绿色范畴，需要独立出来单项认定。

（3）先进产能项目。主要包含与按照国家现阶段的产业发展导向，需要鼓励和支持的高污染、高能耗产业转型升级相关的项目。

未来，随着国家相关产业的技术要求和标准的提升，信贷投向也会呈现动态的变化。电力脱碳、绿色项目建设、终端能源消费电气化等举措将继续推进绿色信贷融资需求增长，为绿色信贷业务提供广阔的市场空间。

（二）相关政策要求

我国已经建立起较为完善的绿色信贷政策体系，从 2007 年国家环境保护总局（2018 年后更名为生态环境局）、人民银行和银监会联合发布的《关于落实环境保护政策法规防范信贷风险的意见》，到 2012 年的《绿色信贷指引》发布，标志我国绿色金融制度框架开始搭建，再到 2013 年的《绿色信贷统计制度》，2015年开始施行的"绿色信贷实施情况综合考核评价体系"，以及人民银行在开展宏观审慎评估（MPA）时，将绿色金融作为"信贷政策执行情况"的其中一项评估指标，我国监管部门在规范和推动绿色信贷发展方面做出巨大努力。表 4-1 为我国绿色信贷相关政策梳理。

表 4-1　　　　　　　　　　我国绿色信贷相关政策梳理

时间	政策名称	作用
2007 年	《关于落实环保政策法规防范信贷风险的意见》	强化信贷管理与环境监督协作，金融机构通过提高企业信贷环保门槛，引导企业达到环保要求

续表

时间	政策名称	作用
2014 年	《绿色信贷实施情况关键评价指标》	为商业银行定制首个绿色信贷评价体系,要求银行业在内部对绿色信贷开展自评,同时明确给出"两高一剩"企业名单,促进银行信贷结构绿色倾斜
2016 年	《关于构建绿色金融体系的指导意见》	通过再贷款、财政贴息支持绿色信贷,并探索将绿色贷款纳入宏观审慎评价框架
2017 年	《关于提升银行业服务实体经济质效的指导意见》	鼓励银行类金融机构通过绿色信贷资产转让等方式多渠道筹集资金,加大绿色信贷投放,重点支持低碳、循环、生态领域融资需求
2018 年	《银行业存款类金融机构绿色信贷业绩评价方案》	依据信贷政策对银行类金融机构绿色信贷业绩进行综合评价,并依据评价结果实行激励约束
2020 年	《关于推动银行业和保险业高质量发展的指导意见》	积极发展能效信贷、绿色信贷证券化,稳妥开展环境权益和生态补偿抵质押融资

（三）优缺点及适用条件

绿色信贷通过对不同类型企业实行不同利率,绿色清洁企业适用低贷款门槛、优惠贷款利率,并对高污染企业实行惩罚性高门槛、高利率,调节企业融资成本,进而影响企业的生产决策行为,促使企业进行绿色升级。但目前我国环境信息披露系统和披露制度有待改善,企业环境信息披露量不足、数据披露质量低、绿色信息共享平台缺乏等现实带来了较为严重的信息不对称问题,使得绿色信贷在授信过程中,需要投入大量的人力、物力、财力来进行绿色信息的搜寻和认证,绿色识别成本大大增加,制约了绿色信贷的进一步发展。

二、绿色债券

（一）产品简介

绿色债券的概念由世界银行集团（简称世界银行）首次提出,2008 年世界银行发行全球第一只绿色债券,募集资金专门应用于减缓和适应气候变化的项目,此后越来越多的多边机构、政府和企业参与发行绿色债券。经济合作与发展组织（Organization for Economic Co-operation and Development，OECD）和国际资本市场协会（International Capital Market Association，ICMA）都对绿色债券提出了不同的定义。2015 年，随着《绿色债券原则》的发布，国际上对绿色债券形成了较为一致的定义——任何将所获得收益专门用于资助符合规定条件的绿色项目，或为这些项目进行再融资的债务工具。

在我国，绿色债券通常是指政府部门、金融机构或企业等向社会募集资金，专门用于符合规定条件的绿色项目或者为这些项目进行再融资，同时承诺按一定利率支付利息并按约定条件偿还本金的债权债务凭证。绿色债券区别于其他债券的核心特征，是其募集的资金集中于实现绿色环境效益。

我国绿色债券市场广义上涵盖贴标绿色债券和非贴标绿色债券。贴标绿色债券指由发行人主动发起并由独立专业机构认定的债券，非贴标绿债指未经发行人申请而由基础设施机构依据专业机构意见及募集资金用途判定的"实质绿"债券。贴标绿色债券的特殊性集中在认定标准、资金用途、信息披露等方面，我国政府机构已对此有明确的规定。非贴标债券归类条件未有统一标准，当前市场主体仍是贴标绿色债券。其按品种分类，可细分为绿色金融债、公司债、企业债、短期融资券和中期票据等债务融资工具及地方政府专项债。按发行人分类，可以简化为三类，即绿色金融债对应金融机构，绿色公司债、企业债、绿色债务融资工具对应非金融机构，绿色地方政府专项债对应地方政府。

我国绿色债券起步较晚，但是发展迅速，是我国绿色金融的第二大载体，规模仅次于绿色信贷，主要应用于绿色项目的融资，如可再生能源和低碳工程等。当前，绿色债券已成为我国绿色金融工具中政策体系最完善、市场实践最丰富的一种。截至 2022 年末，我国绿色债券存量规模位居全球第二位。从发行总额来看，2023 年，国内绿色债券总体发行量达到 8359.91 亿元，市场中绿色债券集中于 3 年期及 5 年期中短期债券，反映出目前绿色项目运行周期较短，以公共事业、能源行业和建设开发等产业的绿色转型为主要融资需求；票面利率相对较低，超八成债券处于 2%～4% 的利率区间，但信用评级总体较高，发债主体主要为国有企业、政府投融资平台，以及行业内头部企业。

聚焦能源行业，能源行业是绿色债券发行的重要行业，呈现总额高、单只金额大的特征，2021 年发行总额占全行业 22.9%，全行业近七成超 50 亿大额债券源于能源行业，资金主要投向光伏、风电、水力等可再生能源开发和升级项目。2022 年，一年绿色债券共发行上百只，以三峡能源和国家管网发行规模最大，总额达到 370 亿元和 250 亿元，主要发行人为中央企业和国有控股企业。

（二）相关政策要求

我国绿色债券的认定标准已逐渐统一。2021 年 4 月，中国人民银行、国家发展改革委、证监会印发《绿色债券支持项目目录（2021 年版）》，统一了支持项目的范围，逐步实现与国际通行标准和规范的趋同。同时，也解决了绿色信贷和绿色金融债标准不统一的问题，形成了统一的产品标准体系。表 4-2 总结了《绿色债券支持项目目录（2021 年版）》重点支持的产业方向。

表 4-2 《绿色债券支持项目目录（2021 年版）》规定的支持产业方向

6 大领域	利用方向
节能环保产业	①能效提升；②可持续建筑；③污染防治；④水资源节约和非常规水资源利用；⑤资源综合利用；⑥绿色交通
清洁生产产业	①污染防治；②绿色农业；③资源综合利用；④水资源节约和非常规水资源利用
清洁能源产业	①能效提升；②清洁能源
生态环境产业	①绿色农业；②生态保护与建设
基础设施绿色升级	①能效提升；②可持续建筑；③污染防治；④水资源节约和非常规水资源利用；⑤绿色交通；⑥生态保护与建设
绿色服务	①咨询服务；②运营管理服务；③项目评估审计核查服务；④监测服务；⑤技术产品认证和推广

2022 年 7 月，《中国绿色债券原则》发布，明确绿色债券募集资金用途、项目评估与遴选、募集资金管理及信息披露等核心要素的同时，推动国内绿债标准与国际接轨，提出"绿色债券的募集资金需 100% 用于符合规定条件的绿色产

业、绿色经济活动等相关的绿色项目",并以国际惯例为基础,进行具有中国特色的调整,将绿色债券分为普通绿色债券、碳收益绿色债券、绿色项目收益债券、绿色资产支持证券。其中普通绿色债券包含蓝色债券与碳中和债券,蓝色债券募集资金投向可持续型海洋经济领域,用于支持海洋保护和海洋资源可持续利用相关项目,碳中和债券将募集资金专项用于具有碳减排效益的绿色项目,通过专项产品持续引导资金流向绿色低碳循环领域,助力实现碳中和愿景;碳收益绿色债券将募集资金投向符合规定条件的绿色项目,债券条款与水权、排污权、碳排放权等各类资源环境权益相挂钩;绿色项目收益债券将募集资金用于绿色项目建设且以绿色项目产生的经营性现金流为主要偿债来源;绿色资产支持证券将募集资金用于绿色项目或以绿色项目所产生的现金流作为收益支持。

（三）优缺点及适用条件

绿色债券作为一种直接融资方式,对降低融资成本、分散金融风险有重要作用。相比传统的债券,绿色债券审核时间短,补充流动性资金比例大,增信方式多样,加上绿色债券作为有助于"双碳"目标实现的重要工具,地方政府会推出贴息等优惠政策,进一步降低绿色债券发行成本,金融机构持有绿色债券在一定程度上也会享有监管指标优待。此外,绿色债券能够通过环境管理优化相关方管理,从而缓解融资约束,相关学者发现发行绿色债券对企业绿色创新有促进作用,并且这种作用主要源于资源效应和监督效应。但绿色债券也会存在以下缺点,由于绿色债券的项目多,涉及绿色转型升级,项目回报率较低,现金流稳定性较差,整体公益性较强。此外,由于信息披露不足,存在信息不对称风险,企业可能会有"洗绿"和"漂绿"行为。

三、绿色租赁

（一）产品简介

根据中国人民银行等七部委印发的《关于构建绿色金融体系的指导意见》和《绿色金融术语（试行）》,绿色租赁是指租赁机构为支持环境改善、应对气候变化和资源节约高效利用等经济活动所提供的租赁产品及服务,在以清洁能源、节能环保、循环经济为代表的绿色产业的转型升级、装备制造及产品应用等行业发展中将发挥重要作用。

虽然我国绿色信贷余额已位居全球第一，但与"双碳"目标实施过程中巨量资金需求相比，绿色金融的有效供给仍然存在较大缺口，发挥租赁等新兴金融工具有助于推动多元化的绿色金融体系建设。当前大部分"双碳"转型产业均为典型的重资产行业，如光伏电站、风电场、储能系统等新能源资产，煤炭等传统产业绿色化升级所需的设备均是理想租赁物，由于融资租赁与"双碳"产业之间的高度契合，绿色租赁将展示出巨大的发展潜力。目前，绿色租赁主要集中在清洁能源、节能环保、城市交通、绿色建筑、生态旅游、智能制造等领域，从主体来说，集中在央企、国企、头部民企等优质企业，中小企业有待绿色租赁的进一步覆盖。

（二）相关政策要求

随着"碳达峰、碳中和"目标的推进，融资租赁公司纷纷布局绿色产业，发挥自身与实体经济紧密联系的特性和"融资＋融物"的业务优势，关注绿色低碳领域的设备和资金需求，加大绿色租赁业务的投放力度。当前，我国尚未制定关于绿色租赁发展的指导意见及实施细则，但各地政策文件多次提及运用融资租赁服务绿色产业发展的相关内容。表4-3梳理了与我国绿色融资租赁相关的政策。

表 4-3　　　　　　　我国绿色融资租赁相关政策梳理

时间	省市	政策	内容
2019 年	吉林	《关于推进绿色金融发展的若干意见》	针对绿色物流的融资需求，利用绿色融资租赁有针对性地为绿色物流发展提供支持
2020 年	天津	《中国人民银行天津分行关于进一步推动天津市绿色金融创新发展的指导意见》	鼓励金融租赁公司积极开展绿色租赁业务，加强对京津冀区域绿色租赁业务布局；支持金融租赁公司深耕具有比较优势的绿色产业领域，提升绿色租赁资产管理能力

时间	省市	政策	内容
2020 年	广东	《深圳经济特区绿色金融条例》	鼓励金融租赁机构开展绿色资产、大型成套设备等资产融资租赁业务，支持企业绿色运营；鼓励融资租赁公司在各自业务范围内探索开展绿色金融活动，创新绿色金融产品与服务
2021 年	上海	《上海加快打造国际绿色金融枢纽服务碳达峰碳中和目标的实施意见》	①鼓励发展重大节能低碳环保装备融资租赁业务；②支持设立主要服务绿色产业发展的融资租赁公司
2021 年	江苏	《关于大力发展绿色金融的指导意见》	支持融资租赁公司为绿色产业、企业和项目提供金融服务
2021 年	浙江	《湖州市绿色金融促进条例》	鼓励融资租赁公司依法开发绿色金融产品，提供绿色金融服务
2022 年	河北	《关于有序做好绿色金融支持绿色建筑发展工作的通知》	支持绿色租赁围绕绿色建筑产业链提供金融服务
2022 年	上海	《上海市浦东新区绿色金融发展若干规定》	①支持银行业金融机构加大对绿色融资租赁项目的资金支持；②支持登记注册在浦东新区的融资租赁公司开展绿色低碳相关技术专利等无形资产的融资租赁业务；③融资租赁公司开展绿色融资租赁业务的，经国家金融管理部门授权，可以适当放宽租赁资产余额集中度与关联度的监管限制
2022 年	广东	《广东省发展绿色金融支持碳达峰行动的实施方案》	①支持设立服务绿色产业发展的绿色融资租赁公司；②鼓励发展重大节能低碳环保装备融资租赁业务
2022 年	福建	《关于印发三明市、南平市省级绿色金融改革试验区工作方案》	①完善绿色租赁等领域，建立健全资金渠道多元、金融服务有效、健康可持续的绿色投融资服务体系；②支持融资租赁公司参与绿色金融业务

续表

时间	省市	政策	内容
2022 年	广西	《关于加快发展"五个金融"的实施意见》	引导金融租赁公司等机构参与绿色项目、发行绿色债券及从事绿色产业的小微企业提供融资服务

上海作为走在绿色租赁发展前沿的城市，在全国有较大影响力，目前已经形成一定标准，引领全国绿色租赁业务发展。上海市融资租赁行业协会绿色租赁专业委员会指出绿色租赁应满足以下一个或几个方面：一是承租人主营业务符合绿色租赁产业参考目录；二是租赁融资的资金用途符合绿色租赁产业参考目录；三是租赁物符合绿色租赁租赁物参考目录；四是其他有利于支持绿色产业和经济、社会可持续发展的租赁业务。

（三）优缺点及适用条件

绿色租赁具有"融资 + 融物"的双重属性，能够基于租赁物的价值来进行融资，期限长、规模大、比例高，业务流程便捷，还款方式灵活，有助于直接解决绿色项目因担保条件不充分、盈利方式不明晰等情况带来的融资难等问题。但由于我国融资租赁起步相对较晚，在立法的完整性、及时性、规范性等方面还无法跟得上整个行业的发展速度，法律体系的不完善导致在租赁过程中出现无法可依的情况。此外，我国环境保护的信用系统尚不健全，在评定和认证上也没有统一标准，资格信用审查机制尚不完善，使得租赁过程中较难对企业碳排放等情况进行监控，给绿色租赁带来一定挑战。

第二节　产品应用基本模式

一、绿色信贷

国外商业银行已在绿色信贷业务上取得了突破性进展，创新了绿色信贷模式，目前开展的主要业务类型如表4-4所示。

表 4-4　　　　　　　　　　国外商业银行绿色信贷业务典型模式

业务类型	银行	绿色金融信贷模式
住房抵押贷款	加拿大帝国商业银行	加拿大国家住房抵押贷款公司对抵押贷款保险费提供 10% 溢价退款及最长 35 年延期分期付款，支持购买节能型住房或进行节能改造
商业建筑贷款	美国新资源银行	为商业建筑或多单位住宅领域内的绿色领先项目提供贷款优惠
汽车贷款	温哥华城市商业银行	清洁空气汽车贷款为混合动力汽车提供优惠利率，覆盖所有低排放汽车类型
信用卡	荷兰合作银行	发行气候信用卡
	巴克莱银行	购买绿色产品和服务时提供优惠和较低利率，信用卡利润的 50% 用于资助全球减排项目
项目融资	法国巴黎银行、荷兰合作银行、巴克莱银行、渣打银行	致力于清洁能源项目的长期投资，或者专门面向一种（或多种）可再生能源技术，如法国巴黎银行针对风能提供专项融资
	爱尔兰银行	主要投向废弃物再生能源项目，包括一项 25 年期的贷款，以与地方政府和支持非契约废弃物的企业签订的废弃物合同为基础
碳融资与排放交易	巴克莱银行、汇丰银行、荷兰银行、法国巴黎银行	银行提供股权、贷款等，从清洁发展机制和联合履约项目购买碳信用，在银行的交易平台提供可交易的产品或开发碳补助及碳信用支持的信贷产品

资料来源：根据公开资料整理。

2007 年开始，我国着手搭建绿色信贷政策框架，伴随着《绿色信贷指引》《绿色信贷统计制度》《银行业存款类金融机构绿色信贷业绩评价方案》等一系列政策措施的落地，我国逐渐建立起一整套完善绿色信贷政策的框架。在国内，绿色信贷相比传统信贷模式，主要从生态环保的角度出发，将"两高一剩"❶行业

---

❶　"两高一剩"：是指高污染、高能耗的资源性行业及产能过剩行业，主要包括钢铁、造纸、电解铝、平板玻璃等产业。

逐步排除在融资对象外，而对环保企业如生产清洁能源、进行节能减排等企业降低门槛、提供优惠，将其列为重点支持对象。为了识别企业资质，在信贷审批过程中将环境风险与社会风险管理纳入业务流程，尽可能将资金贷给环境和社会风险系数低的企业，并在发放贷款之后，实时监管企业的利润和环保状况以保证及时发现风险并进行规避，这种方式有利于有效规避环境风险，提升银行的经济利益和社会信誉。图 4-3 展示了绿色信贷业务基本流程。

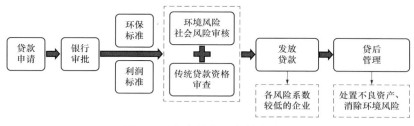

图 4-3　绿色信贷业务基本流程

二、绿色债券

绿色债券从发行至交易都离不开发行者、投资者、第三方机构、项目运营者，其基本业务模式围绕募集资金用途、绿色评估认证、募集资金管理和后续信息披露四个核心方面展开。

首先，要根据项目类型，确定其是否属于官方认定的绿色债券支持项目领域，即《绿色债券支持项目目录（2021 年版）》指定的节能环保产业、清洁生产产业、清洁能源产业、生态环境产业、基础设施绿色升级、绿色服务。

而后确定债券募集资金的用途，据《中国绿色债券原则》最新要求，绿色债券的募集资金需 100% 用于符合规定条件的绿色产业、绿色经济活动等相关的绿色项目。

其次，《中国绿色债券原则》建议发行方聘请独立的第三方认证机构对项目出具"第二意见"，就募集资金拟投资项目是否属于绿色产业项目进行评估。目前，市场上为绿色债券提供绿色属性认证的机构类型主要有三种：会计师事务所（安永、毕马威等）、信用评级机构（大公国际资信评估有限公司、中诚信集团等）及环境咨询机构［联合赤道环境评价有限公司、北京商道绿融咨询有限公司（简称商道绿融）等］。

对于符合标准的项目，发行主体根据项目的建设期、回收期等选择合适的融资模式，再由投资主体进行认购。募集资金管理则要求绿色债券发行人须开立募集资金监管账户，也可以建立专项台账，实务中多数发行方选择在银行开立监管账户。

最后，后续信息披露要求方面，《中国绿色债券原则》要求发行人应每年在定期报告或专项报告中披露上一年度募集资金使用情况，鼓励发行人按半年或按季度对绿色债券募集资金使用情况进行披露，确保资金确实用到承诺的绿色项目上去。

三、绿色租赁

融资租赁主要分三种类型，即直接融资租赁、售后回租、经营性租赁。当前，绿色租赁与实体经济结合紧密，在清洁能源、节能环保、公共交通、绿色建筑等领域发挥重要的支撑作用。

绿色租赁模式适用于融资租赁公司作为融资主体，融资租赁公司与能源设备企业合作，与能源设备企业签订设备租赁合同后，融资租赁公司根据实施项目向银行申请融资，用以从能源设备企业取得租赁设备，并为项目业主或设备服务商提供该设备，通过收取应收租赁款赚取融资租赁服务费用。这种模式的优点在于创新了担保方式，有效地解决了节能环保相关企业融资难的问题。同时，有利于拓宽融资租赁公司的资金来源，间接支持承租人实施节能减排。绿色租赁运行过程中，需要审定相关设备租赁合同的完备性，督促租金按时支付给融资租赁公司，并优先用于偿还贷款本息。

四、绿色融资业务的新模式探索

（一）绿色供应链金融

当前，我国能源电力企业大多面临产业链上下游供应商繁多且分散的局面，其资质良莠不齐，批量授信存在难度，很难适用绿色信贷、绿色债券等主流绿色融资产品，仍旧面临融资难的困境。因此，有必要将绿色供应链金融作为能够助力产业绿色化升级的新型融资模式进行讨论。

自 2017 年以来，工业和信息化部每年遴选出国家绿色供应链管理企业，已打通了供应链上下游诸多企业，但目前尚未覆盖供应链上的所有企业。另外，批量授信仍是绿色供应链金融的痛点和难点，银行传统的供应链融资合作模式，主要是与客户集团单点合作，无法批量拓展集团下属子公司及其供应商。绿色供应链金融新模式融合了供应链金融和绿色金融产品的核心要素，通过在传统供应链金融产品中植入绿色标准，引导资金精准支持绿色供应链体系建设，满足产业链各个环节的资金融通需求，同时依靠金融科技手段的应用，充分获取供应链全周期的绿色相关数据，提高小微企业绿色金融服务的可获得性。

绿色供应链金融可考虑采用"1+N+n"模式，即"集团总额 + 子公司额度切分"，提供子公司名单，银行以集团、子公司的占用额度，为子公司的供应商提供融资，无须子公司授信。此外，银行可依托"大数据 + 人工智能 + 区块链 + 物联网"等金融科技手段，打造供应链金融云平台，为企业提供绿色保理产品。这种银行和龙头企业集团的合作模式，促进了核心企业产业链生态圈良性循环，同时扩大了银行获客渠道，实现了银行、客户协同共赢。

上述绿色供应链金融新模式在粤港澳大湾区的汽车制造产业中得到了试点。粤港澳大湾区汽车制造业发达，汽车零部件生产企业多、产业链长，产业链上下游企业融资需求旺盛。为解决汽车产业上下游企业融资难题，充分利用粤港澳大湾区汽车产业集群优势，推动大湾区汽车产业走资源节约型、环境友好型的绿色发展道路，粤港澳大湾区推出绿色供应链金融服务方案。一是制定绿色供应链评级标准，规范汽车产业企业的环保认证条件，并组织专家对企业进行资质审查，整理出一批符合绿色供应链标准的"白名单"，核心企业依据"白名单"选择中小企业进行合作；银行为"白名单"企业提供授信，减少投资成本与授信风险。二是银行在授信过程中，弱化风险缓释措施要求，将"白名单"企业的授信评判标准由静态抵质押转变为动态抵质押，结合汽车产业的动产属性对存货、应收账款质押进行追踪，企业可以选择更多的融资方式；同时在财政补贴等专项政策支持下，企业融资成本大幅降低。图 4-4 展示了绿色供应链金融业务的基本模式。

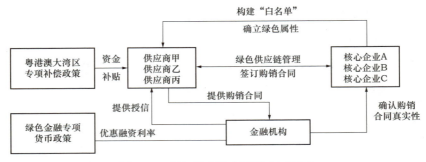

图 4-4　绿色供应链金融模式示意图

（二）绿色资产支持证券

绿色资产证券化是资产证券化的一种特殊形式，与其他资产证券化流程的唯一不同之处，是发起人必须将发行资产支持证券募集的资金用于资助绿色资产或项目。上海证券交易所明确，符合下列条件之一的可认定为绿色资产支持证券：①基础资产属于绿色产业领域；②转让基础资产所取得的资金用于绿色产业领域，即资金投向为绿色项目；③原始权益人主营业务属于绿色产业领域。为了贯彻绿色金融的初衷，确认基础资产或募集资金投向为绿色项目是重中之重，这就要求发行人需借助第三方评估机构等做好项目详尽而持续的信息披露。

国内已建立相关政策支持绿色资产证券化的发展。中国银行间市场交易商协会发布的《非金融企业绿色债务融资工具业务指引》第十七条明确规定，支持企业开展绿色债务融资工具结构创新，鼓励企业发行与各类环境权益挂钩的结构性债务融资工具、以绿色项目产生的现金流为支持的绿色资产支持票据等符合国家绿色产业政策的创新产品。《中国证监会关于支持绿色债券发展的指导意见》第十四条明确，发行绿色资产支持证券、绿色地方政府债券、绿色可续期债券等产品，参照绿色公司债券的相关要求执行；发行准入管理、上市交易等另有规定的，从其规定。

绿色资产支持证券也可按资产类型分为两类：一类是直接与碳配额或国家核证自愿减排量（CCER）相关的碳资产支持证券，此种证券将未来的碳资产收益直接作为底层资产，属于狭义上的碳资产支持证券；另一类是虽与碳配额或

CCER 不直接相关，但募集资金实际用于节能减排项目的债券，该种资产支持证券的底层资产仍是应收账款等传统底层资产，属于广义上的绿色资产支持证券。

第三节 能源电力行业绿色融资产品典型案例

一、绿色信贷

当前，绿色信贷在我国能源电力行业已得到较为广泛的应用，如天合光能银团绿色贷款、国网海投境外绿色贷款、绿能电力"绿色交碳保"贷款、国网英大"碳 e 融"绿色信贷产品、京津冀老旧电网改造项目绿色信贷等，具体典型案例如表 4-5 所示。

表 4-5 　　　　　　　　能源电力行业绿色融资产品典型案例

案例	具体内容
天合光能三年期 2.5 亿美元银团绿色贷款	由渣打银行牵头安排，吸引来自全球多个市场的 15 家银行参与，获市场 2.2 倍超额认购，亦是全球首笔符合《中欧可持续金融共同分类目录》标准的银团绿色贷款
国网海投开展首笔境外绿色贷款	2021 年 12 月，国网海投成功办理首笔境外绿色贷款，总额度 2 亿美元，为境内抽水蓄能电站建设提供资金支持
绿能电力获全国首笔"绿色交碳保"贷款	2022 年 8 月，绿能电力科技有限公司凭借其中标的国网浙江省电力有限公司高效节能变压器协议库存，从交通银行获得 3000 万元的"绿色交碳保"贷款，成为全国首笔"绿色交碳保"贷款
京津冀老旧电网改造项目绿色信贷	该项目采用合同能源管理模式，由国家电网公司下属节能公司出资，为京津冀地区现有高损配变、老旧线路进行更新改造，前期无须项目业主支付任何费用，实施节能改造后，以节约的能源费用支付项目的节能服务费，实现融资的偿还及融资方收益的获取
申能临港海上风力发电绿色信贷	采用银团贷款和过桥贷款保障项目的建设用款，组建 7 家金融机构参与项目银团，规模超过 15 亿元；另外，还引入了政策性低成本资金，申请了金额为 6900 万元的财政部清洁委贷，申请利率为基准下浮 25%

以下将对国网英大"碳 e 融"绿色信贷产品和兴安盟风电绿色信贷案例进行分析。

案例一：国网英大"碳 e 融"绿色信贷产品

国网英大国际控股集团有限公司（简称国网英大）积极落实国家电网"碳中和、碳达峰"行动方案，推进碳资产、碳金融业务创新，更好地带动电网产业链上下游企业清洁低碳转型。2021 年 3 月，国网英大上线"碳 e 融"绿色信贷产品，"碳 e 融"业务主要是通过碳账户和碳积分动态监测企业减排成效，对国家电网公司供应链企业开展绿色评价，并基于企业碳能力评价结果提供差异化绿色金融解决方案。例如，国网英大与国网上海市电力公司联合，对上游供应链企业宝胜科技创新股份有限公司进行了现场认证，并出具供应链企业首份《绿色认证报告》。根据认证评估结果，中国农业银行宝应支行顺利下发了对宝胜股份的绿色信贷批文并放款 5000 万元，贷款利率较银行同期贷款市场报价利率（loan prime rate，LPR）有大幅下降。

2021 年全年，国网英大碳资产为 10 余家国网供应商开展了绿色评价试点，基于绿色评价结果，已成功为 3 家国网供应商促成近 1 亿元的绿色资金支持。国家电网公司发挥了供应链优势，实现核心企业、供应链企业、金融机构、英大碳资产多方联动，创新性地助力绿色金融发展。通过对上下游企业进行绿色认证，国网能够深入推进"智慧供应链"构建，持续提升供应链绿色发展水平。此外，在这一过程中把供应链企业相关数据进行金融属性的转化，为绿色信贷提供了现实依据，也为后期一揽子综合绿色金融服务产品提供了巨大的拓展空间。

2022 年 3 月，神农菇业凭借国网英大碳资产管理（上海）有限公司（简称国网英大碳资产公司）出具的碳表现评估报告，获得顺昌县多家银行联合绿色贷款 7438 万元及下浮 20BP 的利率优惠，这是截至目前福建省单笔落地金额最大的"碳 e 融"绿色金融产品。

2022 年 5 月，国网湖北省电力有限公司协同国网英大碳资产公司、英大汇通商业保理有限公司等机构，成功推动湖北首单"碳 e 融"落地。通利达线缆集团有限公司发起业务办理申请，仅一周时间就顺利获取首笔近千万元贷款，融资成本较同期银行贷款利率下降 80 个基点，节降利息超 15 万元。

2022 年 12 月，国网辽宁省电力有限公司在国网碳资产管理机构的协助下，对该地区能源产业链上下游企业经营范围、碳排放表现及融资需求进行全面梳理，筛选出具备绿色发展优势且有融资需求的供应链企业。沈阳汇鼎润达科技有限公司在评估中表现良好，成功获得北京交通银行提供的 246 万元"碳 e 融"绿色贷款，这笔贷款从资格预审到融资放款，仅用了不到两周时间，贷款利率也较商业银行下降 50 个基点。

案例二：中广核兴安盟风电项目绿色信贷

内蒙古自治区兴安盟地广人稀，风能资源丰富，但由于缺乏相关配套设施，此地经济发展相对落后，仍以传统畜牧业为主。通过开发建设风电项目，充分利用当地得天独厚的风能资源，同时也能带动相关绿色产业发展，为兴安盟带来新的经济发展模式。基于此，工商银行为兴安盟风电项目提供了一整套综合化绿色金融服务方案，并为中广核兴安盟风电项目提供了 112 亿元的绿色贷款，支持该项目的投资、建设与运营。该项目总装机容量 300 万千瓦，计划安装 730 台风机，截至 2022 年 6 月，该项目一期 100 万千瓦项目并网发电，成为我国首个实现投产的单体百万千瓦级陆上风电基地。待一、二期项目全部建成后，年发电量 91.79 亿千瓦时，对应每年可节约标准煤 293 万吨，减排二氧化碳 774 万吨、二氧化硫 2886 吨，节能减排效果显著。

此外，中广核成员企业中广核（兴安盟）新能源有限公司承建的中广核兴安盟 300 万千瓦革命老区风力发电扶贫项目，亦获得了建设银行的绿色贷款。鉴于项目融资总需求金额大、还款周期长，建设银行内蒙古自治区分行决定采取联合贷款及组建内部银团相结合的方式，为企业解决融资需求。方案确定后，建设银行内蒙古自治区分行迅速在 1 个月之内完成了对该项目的调查和审批，获得了 32 亿元的授信批复。对于这样大型的新能源扶贫项目，建设银行内蒙古自治区分行在信贷支持力度上做大"加法"，而在减费让利上做足"减法"，通过贷款利率优惠、减免服务收费等减费让利举措帮助企业降低融资成本，经过多方测算，最终将贷款利率定格在 4.0%，较最初的融资方案节约企业财务成本 7000 余万元。

通过分析上述典型案例，总结出绿色信贷产品的发展趋势：

（1）根据绿色项目特点采取个性化方案，实现多方共赢。国网英大、国网上海市电力公司与农业银行联合为供应链企业发放绿色信贷，贷款利率较银行同期LPR大幅下降。国网北京市电力公司、国网节能服务有限公司与工商银行联合，采用合同能源管理模式为老旧电网改造提供绿色信贷。申能集团财务有限公司为新能源项目提供银团贷款＋过桥贷款＋低成本财政部清洁委贷的融资。各企业根据绿色项目的具体特点个性化设计融资方案，有效降低融资成本，实现项目业主、融资方和银行多方共赢。

（2）依托绿色信贷项目开展绿色认证服务。国网英大与国网上海市电力公司联合，对上游供应链企业航空工业宝胜科技创新股份有限公司进行了现场认证，并出具供应链企业绿色认证报告。根据认证评估结果，中国农业银行对宝胜股份的绿色信贷放款。绿色认证服务属于碳资产管理服务的一种。由于绿色信贷开展需要实现进行节能环保效益评估认证，国网英大配套开展绿色认证服务，丰富了绿色金融服务品种，增加了收入渠道。

（3）深化环保、金融领域间的信息共享传递机制建设，进一步顺畅"绿色信贷"传导的有效路径。"绿色信贷"政策传导效应是征信制度安排对企业融资、环保行为及意识持续影响的结果。针对当前环保部门公布的环保信息覆盖面不广、时效性较差、难以满足银行环保审核需求的现状，有必要继续探索深化和完善领域间信息有效共享与及时传输的长效工作机制，进一步疏通、顺畅"绿色信贷"传导的有效途径。

（4）发展境外绿色贷款，吸引外资支持国内能源电力行业的建设发展。积极推动符合国际《绿色贷款原则》、投向领域符合国际绿色认证的项目进行境外绿色贷款，这对于中国在国际资本市场宣传"能源转型、绿色发展"理念也具有积极意义。

二、绿色债券

绿色债券在能源电力行业的应用已经较为成熟，国际上，美国中美洲能源公司通过发行 8.5 亿美元绿色债券为加利福尼亚州的 550 兆瓦黄玉光伏电站（Topaz Solar Farm）光伏农场的建设进行融资，这是首个被标普和穆迪公司确认为投资级债券的可再生能源项目，也是可再生能源项目通过资本市场融资的首例典范；加拿大安大略省电力公司发行了 4.5 亿加元（3.39 亿美元）的 30 年绿色债券，用于建设新的河流水电项目、购买新的发电机组，以及对现有水电设施进行升级和维护；美国南方电力公司发行了 10 亿美元绿色债券用于支持其可持续发电。

放眼国内，相关案例不胜枚举。2017 年 12 月，全国首单绿色私募可转债由江西省江南香米业市场有限公司在省内联合股权交易中心成功备案发行，募集 5000 万元用于企业绿色生态农业项目的拓展，开启了市场先河；2018 年，衢州雷电新能源科技有限公司在浙江股权交易中心发行了全国首只双创绿色可转债，为其绿色新能源项目融资，丰富了绿色可转债的应用场景；2019 年 3 月，领展房地产投资信托基金（0823.HK）发行了 5 年期 40 亿港元的绿色可转换债券，固定年息率为 1.6%，融资成本为同行业 5 年来最低，也是全球房地产行业及香港上市企业首次发行绿色可转债；此外，2020 年 2 月南京江北建投集团资产经营管理有限公司发行了 3 亿元全国首单长江经济带建设专项债——2020 年第二期非公开定向债务融资工具（private placement note，PPN），专项债募集资金主要用于南京江北海港枢纽经济区保税物流中心项目建设。以下将对一些典型案例进行深入分析。

案例一：中广核风电"固定 + 浮动"利率绿色债

2014 年 5 月，浦发银行主承销的 10 亿元中广核风电有限公司附加碳收益中期票据（简称碳债券）在银行间市场成功发行，这是中广核风电发行的首单碳债券，发行期限为 5 年，募集资金全部用于置换发行人借款，利率 5.65%，债券评级为 AAA，与债券碳收益所挂钩 5 个标的风电项目分别为内蒙古商都项目、新疆吉木乃一期项目、内蒙古乌力吉二期项目、甘肃民勤一期项目和广东台山汶村项目，合计装机容量约 23 万千瓦。该绿色债券创新点在于将五个风电项目碳减排获得收益折合成浮动利率，具体债券发行的结构如图4-5所示。

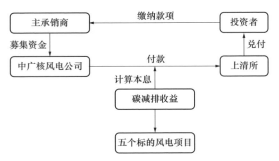

图4-5 中广核风电"固定+浮动"利率绿色债产品模式

该债券以固定利率与浮动利率相结合的形式发行，固定利率为5.65%，较同期限 AAA 级信用债低约 46BP（basis point）；浮动利率区间设定为0.05%～0.2%，浮动利率的高低与中广核下属 5 家风电项目公司在债券存续期内获得碳资产（CCER）的收益正相关。中广核风电"固定+浮动"利率绿色债定价方式如表4-6 所示。

表 4-6　　　　中广核风电"固定+浮动"利率绿色债定价方式

碳收益	企业下属 5 个风电项目产生的碳减排交易净收入。 每期碳收益项目 X=（1–所得税率）×（当期 CCER 交付数量 × CCER 交付价格 – 注册咨询费 – 签发咨询费 – 审定费 – 核证费 – 交易经手费） 中期票据每期碳收益 $=\sum_{X=1}^{5}$ 每期碳收益项目 X
碳收益率	指发行人按照每期碳收益计算得出的碳收益率。计算公式： 碳收益率 = 中期票据每期碳收益 / 本期中期票据发行金额 ×100% 在计算过程中，该收益率采用百分数表示并保留小数点后两位
浮动利率定价机制	参照碳收益率确定每期浮动利率，当碳收益率值小于等于 0.05% 时，浮动利率为 5BP；当碳收益率大于 0.05% 小于 0.2% 时，浮动利率为碳收益率；当碳收益率大于或等于 0.2% 时，浮动利率为 20BP

中广核风电的碳债券通过将债券利率与企业每期 CCER 销售净收益相挂钩，构建了一个相当于对企业碳收益看涨的利率结构，并将利率控制在［5.7%，5.85%］区间，若企业当期碳收益低于 50 万元的底线，投资者可获得 5.7% 的债

券利率，若当期碳收益高于 200 万元，企业则可以保留超过的部分收益，仅支付 5.85% 的利息。根据评估机构的测算，当 CCER 市场均价区间在 8～20 元 / 吨时，上述项目每年的碳收益都将超过 50 万元的最低限，最高将超过 300 万元。中广核风电附加碳收益中期票据的利率机制创新性地绑定了企业碳收益与投资者的投资收益，虽然其下属 5 家风电项目公司实现碳资产的收益与浮动利率是正相关的，但国内 CCER 项目没有实质开展。中广核电为了保护投资者的利益，避免 CCER 项目无法开展或是价格不理想而带来的损失，设定了在固定利率 5.65% 基础上的浮动利率期间（5～20BP）。这样既保证了投资者的相关收益，也降低了中广核电发行债券的财务成本。

案例二：中国长江三峡集团绿色可交换债券

2019 年，中国长江三峡集团有限公司（简称三峡集团）向线上个人投资者和线下机构投资者发行绿色可交换债券人民币 200 亿元，这是中国证券市场上首次发行绿色可交换公司债券，也是规模最大的一次发行，也是三峡集团首次尝试股债混合的融资工具。可交换债券是指上市公司股东通过抵押其持有的上市公司股票发行的公司债券，债券持有人在将来的某个时期内可以按照债券发行时约定的条件，用持有的债券以约定的转股价格换取发债人抵押的上市公司股票。三峡集团本次的绿色可交换债券（G 三峡 EB1，132018.SH）以长江电力为换股标的，期限 5 年，标的股票换股价格 18.8 元 / 股，票面利率 0.5%，创公募可交换债票面利率新低，到期赎回价格 108%，牵头主承销商为中信证券、华泰联合证券，联席主承销商为中信建投证券、海通证券、光大证券、平安证券。债券募集资金中 70% 用于支持集团乌东德水电站、白鹤滩水电站建设，两大水电站均具有绿色认证，30% 用于补充流动资金。此次债券发行网上申购户数超过 60 万户，申购规模超过 5000 亿元，中签率低至 0.3575%；网下有效申购规模超过 1.7 万亿元，有效申购倍数超过 90 倍，并且无一弃配，合计申购逾 110 倍。

三、绿色租赁

绿色租赁是融资租赁行业的新风口，多个央企旗下融资租赁公司纷纷拓展绿色融资租赁业务。例如，国能融资租赁有限公司拓展新能源充换电业务，中信租赁拓展新能源发电业务，中建投租赁拓展绿色交通业务。

案例一：中铁金租与特锐德的售后回租

为进一步盘活存量资产，优化资产结构，提高资产利用效率，青岛特锐德电气股份有限公司全资子公司青岛特来电新能源科技有限公司（简称特来电）和青岛特锐德高压设备有限公司作为联合承租人将特来电持有的部分充电桩作为标的物与中铁建金融租赁有限公司（简称中铁金租）开展售后回租融资租赁业务。中铁金租的售后回租模式里，承租人将自己拥有的部分固定资产以公允价值出售给中铁金租获取资金，然后再从中铁金租将设备租回使用。通过售后回租，承租人可以把固定资产变为现金，再投资于其他业务，既盘活了企业固定资产，又可在租期内继续使用这些资产。图 4-6 展示了中铁金融售后回租业务模式。

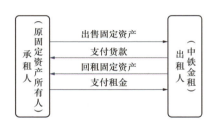

图 4-6　中铁金租售后回租业务模式示意图

该业务主要以特来电部分充电桩为租赁物，采用售后回租模式，融资金额不超过人民币 28 000 万元（含 28 000 万元），租赁期限为 60 个月，特来电自起租日起计算，还租期共 10 期，租赁利率为 6.783%，租赁管理费为租赁物转让价款的 3.5%，租金支付方式采用等额本息，业务开展半年后支付，待租赁期满，承租人可以按 100 元价款留购全部租赁物的方式对资产进行回购。在实施售后回租业务前，交易标的归特来电所有。

案例二：中信金租光伏售后回租

中信金融租赁有限公司（简称中信金租）是国内最早开展绿色能源业务的租赁公司之一，在光伏和风电集中式电站领域累计投放超过 600 亿元。2017 年，为缓解公司资金压力，拓宽融资渠道，调整债务结构，进行资金储备，吉电股份子公司漳浦阳光浦照新能源发电有限公司与中信金租开展融资租赁业务，漳浦阳光浦照新能源发电有限公司以近十种光伏设备作为租赁物，采用售后回租模式，与中信金租开展 1+0.5 年期意向融资额为 5000 万元的租赁业务，租赁利率为 5.035%、手续费为融资额的 2%，手续费于放款前按合同融资额的 1%，每年一次性支付一年手续费，租金于到期日一次还本，按季支付利息。租赁期末，漳浦阳光浦照新能源发电有限公司在付清所有应付款项并履行完毕其在融资租赁合同项下的全部义务与责任后，可以将设备、不动产所有权按 1 元的价值对资产进行回购。此外，中信金租与 3 家能源科技公司合作，成功落地 1.2 亿元工商业屋顶分布式光伏售后回租项目。该批电站总装机规模为 34 兆瓦，安装于浙江工业园区工厂屋顶，为园区企业提供有足够经济竞争力的绿色电力，可有效缓解制造企业"用电荒"问题。2021 年 10 月，中信金租更面向河北沧州沧县 2 户农户，提供了 25 千瓦的屋顶光伏发电直接融资租赁服务。截至 2023 年 5 月 10 日，中信金租户用光伏电站业务投放金额超 10 亿元，2023 年投放量将超过 100 亿元。中信金租目前已持有光伏电站、风力电站 180 余座，总装机容量 7.6 吉瓦，成为国内光伏电站融资规模最大的金租公司。

基于光伏和风力电站领域的经验，中信租赁搭建出新能源电站资产价值评估体系，可以全面记录光伏电站的资产价值、运营风险提示、综合风险评级与展望等信息，实现租赁资产的质量准入和专业化的租后管理，提升租赁物在租赁项目的风险缓释功能。当前，这一"新能源电站资产价值综合评估方法及系统"发明专利已获国家知识产权局认证，实现新能源租赁资产的质量准入和专业化租后管理，为电站市场化交易奠定了坚实基础。同时，也为光伏电站承租人提供一站式增质提效的深度"体检"服务，确保新能源电站稳定运营。与多家清洁能源龙头企业签署战略合作协议，加入了光伏绿色生态合作组织（photovoltaic green-ecosystem organization，PGO），联合发起成立国内首个"绿色租赁发展共同体"。

在当前绿色能源金融服务领域竞争日益加剧的背景下，中信金租不断扩大绿色租赁服务的外延，打造"四个拓展"，巩固业务优势，从光伏集中式电站业务向工商分布式和户用分布式电站业务拓展；从传统的光伏、风电业务向构建"风、光、水、储、氢"五位一体的新能源业务体系拓展；从单一的新能源项目融资服务向新能源项目融资、建设、运营一体化服务拓展；从新能源业务向绿色制造、绿色船舶等多元化绿色业务拓展。

四、其他新型产品

（一）绿色资产证券化

案例一："双绿"资产支持证券

2017年9月，南通市经济技术开发区污水处理收费收益权绿色资产支持专项计划在上海证券交易所成功发行。本次资产支持专项计划由东吴证券股份有限公司作为计划管理人发起设立，上海市锦天城律师事务所为该项目提供全程法律服务。

本次项目的基础资产为南通市经济技术开发区总公司在特定期间内享有的污水处理收费收益权，募集资金全部用于开发区内河道疏浚等整体环境提升项目，并由中财绿融进行了绿色认证，属于资产端与用途端"双绿"的产品。本次资产支持专项计划总规模为5.1亿元，优先级评级均为AA+，产品期限1～10年期，是江苏省内首单以污水处理收费收益权为基础资产的绿色资产支持证券（asset-backed security，ABS）产品。该产品有效拓宽了原始权益人自身融资渠道、降低其融资成本，推动其业务发展。

案例二：广州地铁集团绿色资产支持票据

2019年，广州地铁集团有限公司（简称广州地铁集团）发行绿色资产支持票据（asset-backed notes，ABN）。该ABN为国内首单同时具有绿色发行主体、绿色资金用途、绿色基础资产的"三绿"ABN。与传统的"双绿"ABN不同，发行主体广州地铁集团是全国首个被银行间市场交易商协会授予"绿色债券发行主体"资质的企业。其交易结构如图4-7所示。

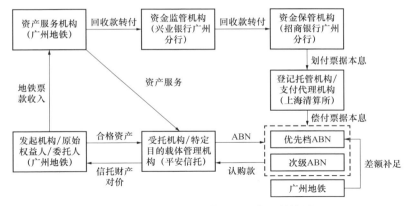

图 4-7　广州地铁绿色 ABN 交易结构图

广州地铁集团 2019 年第一期绿色 ABN 与银行间交易市场发行，首期规模共计 30 亿元。在所分层中，A1 档 AAA 评级，为期 1 年，票面利率 3.6%，规模 6.3 亿元；A2 档 AAA 评级，为期 2 年，票面利率 3.79%，规模 6.5 亿元；A3 档 AAA 评级，为期 3 年，票面利率 4%，规模 6.9 亿元；A4 档 AAA 评级，为期 4 年，票面利率 4.1%，规模 4.4 亿元；A5 档 AAA 评级，为期 5 年，票面利率 4.1%，规模 4.4 亿元。本项目中优先档 ABN 占所有层级总额的 95%，次级档 ABN 占所有资产支持票据本金总额的 5%，次级档 ABN 计划由发起机构广州地铁集团自身全额认购。多层级的 ABN 产品满足了投资者的多元需求，可以吸引不同风险偏好的客户群体进行投资。在保障措施方面，广州地铁集团设置了内部增信安排与外部增信安排。其中，内部增信安排包括结构化分层、现金流超额覆盖、信用触发机制，外部增信安排包括差额支付承诺、回售回购承诺担保等。

案例三：中国三峡新能源（集团）股份有限公司发行的应收账款 ABN

2021 年 3 月 29—30 日，中国三峡新能源（集团）股份有限公司（简称三峡新能源集团）2021 年度第一期绿色资产支持票据（碳中和债）正式发行，本期发行规模 11.15 亿元。

基础资产为三峡新能源集团风电、光伏发电项目的应收可再生能源电价补贴。未偿本金余额为 11.15 亿元，涉及发起机构的 12 家子公司，24 个电站。基础资产涉及项目均为风电、光伏发电即清洁能源类绿色低碳产业项目，其中风电

（包括海上风电）项目21个，余额占比92.18%；光伏发电项目3个，余额占比7.82%。本次募集资金全部用于偿还子公司三峡新能源阳江发电有限公司关于阳江1期至5期项目的固定资产借款。该产品交易结构如图4-8所示。

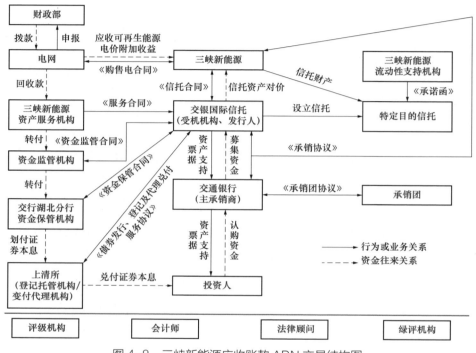

图 4-8　三峡新能源应收账款 ABN 交易结构图

增信方面，三峡新能源集团提供流动性差额支付承诺。产品设置权利维持费机制，利息的偿付来源为三峡新能源集团提供的权利维持费。因此，即使发行利率上调，利息部分表现为权利维持费增加，本金按回收款过手摊还支付，发行利率变动不会影响本息覆盖。

环境效益评估方面，根据评估认证报告，本期碳中和ABN基础资产涉及的风力和光伏发电项目预计每年可减排二氧化碳337.07万吨，可节约标准煤131.36万吨，减排二氧化硫801.72吨、减排氮氧化物836.02吨，减排烟尘162.92吨。

案例四：国网租赁公司为绿色资产证券化产品建立快速审批通道

国网国际融资租赁有限公司（简称国网租赁公司）成立了专项工作组，积极对接新能源项目，同时开通快速审批通道，优先审批、优先放款。2021 年 3 月 9 日，国网租赁公司成功发行全国市场第一支绿色"碳中和"资产证券化创新产品，发行规模 17.5 亿元，将全部用于支持风电、水电和光伏等清洁能源项目。2022 年，立项清洁能源项目 29 个，新增清洁能源项目投放金额 9.3 亿元。

通过分析上述典型案例，总结出我国绿色资产证券化的发展趋势如下：

（1）发行成本受基础资产影响较大。受基础资产质量、产品增信措施强弱与期限结构等因素影响，不同基础资产类型绿色资产证券化产品的发行利率差异明显。其中，票据收益、商业房地产抵押贷款、基础设施收费收益权等基础资产类型的绿色证券化产品的平均票面利率在 2.33%～2.67% 之间，租赁资产债权、补贴款、租赁资产等基础资产类型的绿色证券化产品的平均票面利率在 3.17%～3.37% 之间，发行成本相对较低；而基础设施收费、棚改/保障房、应收账款债权等基础资产类型的绿色证券化产品平均票面利率在 4.27%～4.50% 之间，平均发行成本相对较高。

（2）发行产品以高信用等级为主。2020 年，市场共发行 78 只绿色资产支持证券，其中 50 只具有信用评级，主要集中分布于 AAA 和 AA+。在具有信用评级的绿色资产支持证券中，AAA 级对应的发行数量和规模分别占 55.13% 和 66.07%。

（二）绿色基础设施 REITs

案例一：首批基础设施 REITs

我国首批 9 只公募基础设施不动产投资信托基金（real estate investment trusts，REITs）于 2021 年 5 月 31 日开始公开发行认购，2021 年 6 月 21 日正式上市交易。

从资产类型来看，9 只 REITs 的底层资产包括产业园区、高速公路、仓储物流、污染治理四大类，均为优质的基础设施项目。收入来源方面，产业园区主要为租金、物业管理费收入等；高速公路主要是通行费；仓储物流主要来源是租金和物业管理费收入；污染治理项目则主要来自污水处理或垃圾处理服务费。

从资产性质看，9 只 REITs 底层资产分为产权类和特许经营权类。两单高速公路（沪杭甬高速公路、广州天河高速公路）为产权类和两单污染治理（首钢生物质项目、首创水务项目）为特许经营权类；其他产业园和仓储物流资产为产权类。从募集规模看，9 单 REITs 共募集 314 亿元，平均每单约 35 亿元。公募 REITs 采用收益法评估，首批 9 单有不同幅度的增值，其中博时招商蛇口产业园 REITs 和中金普洛斯仓储物流 REITs 的资产增值率超过 300%。

案例二：电力行业基础设施 REITs

2020 年 11 月 3 日，中国能建成功发行工银瑞投—中能建投风电绿色资产支持专项计划（简称工银能建风电类 REITs），以中国能源建设集团投资有限公司（简称中国能建投资公司）风电资产作为底层物业资产，总募资 7.25 亿元。本次专项计划是全国首单新能源发电基础设施类 REITs 产品，也是全国首单绿色类 REITs 产品。

2020 年 12 月，申万宏源—电建南国疫后重振资产支持专项计划于深圳证券交易所成功发行。产品发行规模 18.1 亿元，期限 5 年，增信主体为电建地产，原始权益人为电建地产旗下的南国置业，计划管理人为申万宏源证券，财务顾问和牵头协调人为电建基金，标的物业为位于武汉的泛悦汇·昙华林项目。

2022 年 2 月 19 日，国家电力投资集团有限公司（简称国家电投集团）及所属国家电投集团重庆电力有限公司（简称国家电投重庆公司）发起的国家电投—重庆公司能源基础设施投资户用光伏绿色资产支持专项计划（类 REITs）成功发行。该项目是全国首单户用光伏基础设施类 REITs。国信证券担任 ABS 管理人和独家承销商。该项目发行规模 14 亿元，具有"绿色""双碳""助农"等多重特色。项目以户用光伏为底层资产，依托底层户用光伏项目绿色属性，获得绿色评估机构 G-1 等级认证，底层项目环境效益显著，每年可实现二氧化碳减排量 49.61 万吨，替代化石能源量 18.15 万吨标准煤，二氧化硫减排量 22.40 吨，氮氧化物减排量 25.06 吨，烟尘减排量 4.48 吨。该项目对助农增收有积极作用，对解决好"三农"问题、落实国家乡村振兴战略有积极意义。

通过分析上述典型案例，总结出我国基础设施 REITs 的发展趋势如下：

（1）聚焦重点区域和行业，核心交易结构为"公募基金 +ABS"。首批公募 REITs 聚焦粤港澳大湾区、长三角等重点区域和交通、污染管理等补短板行业。REITs 存续期由底层项目特许经营权或土地所有权期限决定；首批实际项目战略配售比例大幅超过监管规定下限。公募 REITs 基金通过穿透资产支持专项计划直接持有项目公司股权，在避免修改现有法律框架的基础上提供了基础设施不动产证券化的实现手段。首钢绿能、首创水务分别以生物质能、污水处理项目为基础资产，100% 符合绿色金融支持范围；蛇口产园、东吴苏园两单公募 REITs 中存有绿色建筑，这些都体现了绿色 REITs 的发展潜力。

（2）优质资产对投资者而言收益稳定。基础设施公募 REITs 的派息来自底层资产可分配现金。高派息率是基础设施公募 REITs 显著特征。与股票、债券对比来看，基础设施公募 REITs 要求的派息率 4% 是 2012 年以来股票派息率的 2~4 倍，并高于十年期国债收益率。整体来看，公募 REITs 是一种介于股债之间，风险、收益适中的金融产品，可在市场风险偏好下行、利率较低、"资产荒"背景下为投资者提供抗通货膨胀、长期、稳定的投资工具。

第五章 投资类绿色金融产品应用与发展

在企业经营多元化的发展趋势和企业集团发展壮大的资金需求下，大量集团企业开展金融业务，通过投资于金融工具的经济行为，获取投资收益，激活利润源泉，并推动集团资源整合，服务于集团整体战略。部分绿色环保企业和高碳企业围绕自身核心主业，将金融与绿色相结合，积极开展投资类绿色金融业务。本章将主要对绿色基金、绿色保险、绿色股票等投资类产品进行重点介绍。

第一节　投资类绿色金融产品概述

投资类绿色金融产品（简称绿色投资产品）依托于股权和权益关系，投资者通过主动投资获得收益，但通常收益不能得到保证。西方国家通常将绿色投资称为社会责任投资，近年来发展为 ESG 投资，在全球范围受到广泛关注，投资规模不断增长，整体向上空间较大。ESG 投资将环境（environmental）、社会（social）和公司治理（governance）因素纳入投资考量范围。目前，我国的 ESG 投资产品主要通过节能环保、绿色低碳主题和 ESG 综合因素来筛选股票和债券标的。对公司来说，ESG 投资可以满足低碳领域的投资需求，也为未来开展碳金融产品投资积累一定的资源。同时，ESG 投资能从提高收益和降低风险两方面提升资产管理质量。

中国证券投资基金业协会 2018 年发布《绿色投资指引（试行）》，明确绿色投资的界定和实施方法，指出"绿色投资是指以促进企业环境绩效、发展绿色产业和减少环境风险为目标，采用系统性绿色投资策略，对能够产生环境效益、降低环境成本与风险的企业或项目进行投资的行为。"目前，市场上最主要的绿色投资产品为绿色基金。

一、产品简介

绿色基金是指专门针对节能减排战略，低碳经济发展，环境优化改造项目而建立的专项投资基金，其目的旨在通过资本投入促进节能减排事业发展。美国是世界上社会责任投资发展最早的国家。1982 年，世界上第一支将环境指标纳入考核标准的绿色基金于美国诞生，此后英国、荷兰、比利时等国家也相继发行绿色基金。我国的绿色基金起步较晚，但发展势头迅猛，在国家政策的引导和支持下，2016 年后我国绿色基金迎来了快速发展。《中国绿色金融研究报告（2020）》调查结果显示，2018 年以前中国绿色基金总体增速较快。截至 2018 年底，全国已设立并在中国证券投资基金业协会备案的绿色基金共 704 只，与 2010 年相比增长 117 倍，年均增长率达 181%。

但到 2019 年，绿色基金设立和运行受到资管新规影响，发展态势放缓。私募股权市场整体监管趋严，行业准入门槛提高，导致基金成立难度加大，特别是资管新规对私募基金交易结构去通道、嵌套、分级期限匹配等方面的严格限制，传统绿色基金结构设计合规性风险显著升高，面临提前清算风险。2019 年，全国新增设立并在中国证券投资基金业协会备案的绿色基金共有 77 只，同比下降 44%。

中国绿色基金投资类型包括股权投资、创业投资、证券投资、企业并购及其他混合类型等，其中股权投资基金占多数，并且占比稳中有升。在投资领域方面，绿色基金的投资领域为生态环保与新能源产业。

根据发起设立方式，我国绿色产业基金主要有四类：政府发起的绿色引导基金、PPP 绿色项目基金、大型企业集团发起的绿色产业发展基金、金融机构或私人发起的绿色私募股权投资（private equity，PE）和风险投资（venture capital，VC）基金等，具体如表 5-1 所示。在实际操作过程中，不同类型的基金在发起设立与投资上也会存在交叉，如绿色引导基金的子基金通常会与产业资本或知名私募进行合作，产业资本与知名私募也会合作设立基金。

表 5-1 绿色产业基金的典型模式

基金类型	发行主体	基金投向
绿色产业引导基金	各级政府	偏公益性行业，具有长远意义、重大意义的关键技术、重要领域，投资回报期长
PPP 绿色项目基金	地方政府或建设单位	公益性强、投入期限长、投资回报率偏低，但现金流相对稳定
产业发展绿色基金	大型企业集团	与企业业务具有一定协同性的绿色产业。侧重生态发展和经济收益的结合，布局绿色产业的同时，履行社会责任
绿色 PE/VC 基金	金融机构、私人	市场化项目，行业前景好，投资回报较好的绿色股权项目

二、相关政策要求

随着环保事业发展加快，绿色发展战略推进，我国的绿色金融市场开始迅速发展，绿色基金也应运而生。2011 年 10 月，《国务院关于加强环境保护重点工作的意见》（国发〔2011〕35 号）中明确提出，鼓励多渠道建立环保产业发展基金，拓宽环保产业发展融资渠道。2015 年 9 月，中共中央国务院印发了《生态文明体制改革总体方案》中首次提出，"支持设立各类绿色发展基金，实行市场化运作"，自此绿色发展基金走入大众视野。2016 年 8 月，中国人民银行、财政部等七部委联合发布《关于构建绿色金融体系的指导意见》，提出设立国家绿色发展基金，同时鼓励发起区域性绿色发展基金。我国绿色基金相关政策如表 5-2 所示。

表 5-2 我国绿色基金相关政策

时间	政策名称	作用
2011 年	《国务院关于加强环境保护重点工作的意见》	鼓励多渠道建立环保产业发展基金，拓宽环保产业发展融资渠道
2014 年	《关于创新重点领域投融资机制鼓励社会投资的指导意见》	鼓励发展支持生态环保、战略性新兴产业等重点领域建设的投资基金，鼓励政府使用财政性资金进行支持

续表

时间	政策名称	作用
2015 年	《生态文明体制改革总体方案》	鼓励发展绿色金融，支持设立各类绿色发展基金，实行市场化运作
2016 年	《关于构建绿色金融体系的指导意见》	支持设立各类绿色发展基金，实施优惠政策支持绿色发展基金支持项目
2018 年	《关于规范金融机构资产管理业务的指导意见》	对资产管理产品在多层嵌套、主动管理职责、统一负债限制、分级产品限制、合格投资者标准等方面做出规定
2018 年	《绿色投资指引（试行）》	明确绿色投资内涵，提出开展绿色投资的基本方法，并要求进行绿色投资的基金管理人开展年度绿色投资情况自评估

地方层面，以绿色金融改革创新试验区为代表的地方政府出台一系列配套落地政策，支持设立绿色政府引导基金，推动区域经济绿色低碳发展。2017 年，国务院在浙江、江西、广东、贵州、新疆 5 省（自治区）设立绿色金融改革试验区。2017—2018 年，各绿色金融改革试验区的改革方案相继发布，均提到鼓励社会资本成立各类绿色产业基金，并出台相应绿色基金管理办法，对细化基金设立目的、监管方式、申请路径等内容起到了良好的示范作用。

三、优缺点及适用条件

绿色基金的资金来源最为广泛，且属于直接融资体系，有利于改善金融结构失衡，对绿色信贷等融资产品形成有力补充。同时，绿色基金对助推绿色产业发挥重要作用，一方面，部分绿色产业投资周期长、回报率偏低，债权融资存在自有资金不足、期限错配等问题；另一方面，部分绿色产业尚处于行业生命周期的早期或发展期，盈利能力不足、风险偏高。此外，发展绿色产业基金可以发挥杠杆力量，有效撬动社会资本参与绿色产业发展。

绿色基金也存在一定的问题。一是绿色基金发展规范性不足。在投资过程中，由于投资标准不够清晰，管理不够规范，容易出现资金投向非绿色领域，偏离绿色投资，违约绿色基金设立目标的问题。二是绿色基金设立和运作存在门槛限制。大型企业集团设立绿色产业基金、金融机构与私人设立 PE、VC 绿色基金，需要具备金融牌照，在中国证券投资基金业协会《绿色投资指引（试行）》的要求下，基金管理人每年需要开展一次绿色投资情况自评估，在程序和管理上较为复杂。

第二节　产品应用基本模式

绿色基金的产品运作方式与其他类型投资基金无本质差异，通常来说，企业通过创设的绿色私募股权基金，投资于绿色项目，重点支持与环境、能源、基础设施等相关的新领域的技术研发与推广。从私募股权投资基金的流程分析，可以分成五个阶段，即募集资金、投资、投后管理、退出、分配。

一、募集资金

基金的核心是募集资金。基金是管理人募集投资人的钱，用这些钱去投资，利用资金杠杆原理，以小资金，博大资金。从市场的静态市盈率来看，股权投资能达到 30 倍，这就等于用 1000 万元的利润，使股值上升到 3 亿元，实现了杠杆的飞跃。作为基金的管理人，收取管理费，同时取得收益分成。国际惯例通常为 2%+20%（2% 的管理费，加上 20% 的收益分成）。

二、投资

基金最核心的东西是创造价值，提升目标投资企业的价值，这是私募股权基金和其他的一些金融投资产品一个主要的核心区别。进一步去考察私募股权基金盈利模式可以发现，通过五个阶段完成完整的价值形成周期。一是价值发现。在以未上市企业为主潜在项目中发现具有良好投资价值的项目，并与创业者达成投资合作共识。在此过程中，核心考察管理团队、项目的行业地位、未来是否能实现快速增长等。二是价值持有。在对项目充分尽职调查后，基金完成对项目公司的投资，成为项目公司的股东，持有项目公司的价值。在投资前会完成一系列的设计，包括实业设计（资本利得）、运营设计、产权设计、资本设计（资本上市等）、其他设计（如法规设计、社会责任设计）。三是价值提高。私募股权投资基金是提升企业价值的催化剂。基金利用其所拥有的资源平台自身的优势，如战略、市场、供应、技术、管理、财务等方面，改进企业的经营管理，把投资的企业做好，使企业得到优化，企业的内在价值（资本利得能力）得到有效提高。四是价值放大。基金对所投资的项目，培育2～3年后，其价值（资本利得能力）获得提高，通过资本市场公开发行股票，或者溢价出售给产业集团、上市公司，实现价值的放大。五是价值兑现。所投资项目在市场上市后，基金管理人选定合适时机和合理价格，在资本市场抛售项目企业的股票，实现价值对基金公司的最终兑现。

三、投后管理

做投后管理，最主要的目的是确保投资资金的安全。私募股权投资机构成立投后管理机构，派遣投后管理人员，是为了及时知道企业的经营发展状况；确定企业是否将资金投到商业计划书设定的投资用途，股权投资是否被占用、挪用；投资效果是否和预期有偏差。至于对企业的增值服务，是私募股权投资机构履行股东的权利和义务，参与董事会，通过董事会表决对企业的业绩做出评价，影响关键管理岗位人员的任免。

四、退出

私募股权投资的退出，是指基金管理人将其持有的所投资企业的股权在市场上出售以收回投资并实现投资的收益。在美国，私募股权基金及创业投资的退出渠道和机制通常有三种方式：一是通过创业板上市，投资者通过股票的抛售退出。这种退出方式投资者通常可获得十倍甚至十倍以上的投资收益；二是通过转让给第三方企业退出，这可获得3倍左右的投资收益；三是转让给企业内部的管理人，投资者通常可获得70%的投资收益。国内私募股权基金退出，一般而言有四种方式，即境内外资本市场公开上市、股权转让、将目标企业分拆出售、清算。

五、分配

对于 PE 基金的投资人来讲，基金获得收益后，扣除必要的成本费用税金（基金管理人的管理费、银行托管费、中介机构的费用、股权投资营业税等），所获得的是基金的净收益，按照一般惯例，这个净收益中的 20% 由基金管理提取，叫做业绩报酬，也叫做浮动管理费（按年收取的管理费称之为固定管理费）。其余 80% 由全体投资人按比例进行分配，如果是有限合伙制的 PE 基金，合伙企业不需缴纳所得税，投资人的税金是按照个体工商户的纳税方式，即 5%～35% 的累积税制，一般是按 20% 税率收取的。

第三节　能源电力行业绿色投资产品典型案例

在绿色基金领域，目前表现最为活跃的是地方政府与上市公司，地方政府看重的是区域经济的绿色转型与发展，上市公司则要把握住绿色产业提速发展的风口。因此，政府类有限合伙人（limited partner，LP）、上市公司类 LP、金融机构类 LP 成为绿色股权投资基金募资市场的主要类型，也形成了"政府类 LP＋上市公司类 LP＋金融机构类 LP""政府类 LP＋上市公司类 LP"与"上市公司类 LP＋金融机构类 LP"三种主要募资模式。

案例一：政府牵头设立绿色产业引导基金

截至 2021 年 7 月末，我国共有政府产业引导基金 1670 只，总规模 93599 亿元，实际募集总金额 41215 亿元，资金到位率约 44%。2016 年以来，政府产业引导基金作为 LP 投向绿色子基金的比重明显提高。根据私募通数据，政府产业引导基金作为 LP 的基金共有 1944 只，总目标规模 30916 亿元，单只基金平均目标规模 18 亿元。其中，投向清洁技术（环保、新材料、新能源、其他清洁技术）的基金共有 193 只，总目标规模 3410 亿元，分别占比 9.9% 和 11.0%。这些行业都属于重资产行业，对资金需求量大，企业必须做大、做强才能形成市场竞争优势，从而降低建设运营成本，并逐渐形成核心技术壁垒与人才优势，因此也对创新金融服务的介入有着迫切的需求。

湖北省长江经济带产业基金（简称长江产业基金）与上海蔚来汽车有限公司的合作属于这种模式的典型案例。长江产业基金是由湖北省委、省政府发起的大型国有产业基金，由省级财政出资 400 亿元，并发起多只母基金，总规模约 2000 亿元，是国内单体规模最大的产业基金。2016 年，长江产业基金、东湖高新区、上海蔚来汽车有限公司共同发起设立总规模为 100 亿元的"长江蔚来新能源产业发展基金"，长江产业基金成为长江蔚来新能源产业发展基金的基石投资人。该基金专注于电动汽车关联产业中处于成长期或成熟期的新能源、汽车及科技企业投资，并进行产业化发展。

2021 年 7 月，国家绿色发展基金与中国宝武钢铁集团有限公司（简称宝武钢铁）、中国太平洋保险（集团）股份有限公司（简称太平洋保险）、建信金融资产投资有限公司（简称建信投资）共同发起宝武碳中和股权投资基金。该基金总规模 500 亿元，首期 100 亿元，是目前国内市场上规模最大的碳中和主题基金，注重对前沿低碳技术的战略布局，实现对低碳产业链的投资和整合，培育出一批在国内外资本市场具有影响力和行业地位的优秀企业和项目。

案例二：金融机构设立绿色 PE / VC

在这种合作模式中，金融机构针对绿色产业领域上市公司的细分行业特点和个性化需求，为上市公司进行横向和纵向整合，提高行业资源集中度，以市场化手段，将优质资源向优势企业配置，能够降低相关行业潜力企业的运营成本，提升盈利能力。对金融机构自身来说，与上市公司合作成立绿色产业并购基金，既能借助上市公司行业内资源进行管理运作，又能以上市公司平台作为退出渠道。因此，这种结合上市公司技术、商业模式优势和金融机构融资优势的业务模式，也更受投资者的青睐。

2020 年 10 月，国内风电龙头金风科技股份有限公司宣布认缴出资 10 亿元，投资三峡清洁能源基金，持股比例为 22.2%。各方投资后，三峡清洁能源基金出资总额 45 亿元。基金投资方向为国内风电电站、光伏电站及其他相关的新能源行业产业投资，会优先关注该基金各合伙人推荐的项目。

2021 年 3 月，协鑫集团有限公司（简称协鑫集团）和中国国际金融股份有限公司（简称中金资本）联合设立一支以"碳中和"为主题的产业基金——中金协鑫碳中和产业投资基金，以大湾区、长三角、西南地区、中原地区四地作为重点布局和深耕区域，打造辐射全国的移动能源服务领军企业，助力新一代智慧移动能源生态建设。其中，协鑫能源科技股份有限公司出资约 51%，中金资本出资约 20%，基金首期规模约 40 亿元，基金总规模不超过 100 亿元。产业投资基金将通过对移动能源产业链上下游优质项目和充换电平台企业进行股权投资，围绕移动能源生态进行股权投资，主要投向充换电网络、网约车出行平台、智能车辆管理平台、电池资产管理、电池梯次利用等移动能源产业链上下游优质项目。

2021 年 3 月，远景科技集团有限公司与红杉资本中国基金宣布，将共同成立总规模为 100 亿元人民币的碳中和技术基金，投资和培育全球碳中和领域的领先科技企业。该基金也是目前国内首支绿色科技企业携手创投机构成立的百亿元规模碳中和技术基金。首期募集 50 亿元，将投资全球碳中和领先科技企业，打造碳中和技术创新生态，加速聚集低碳技术和创新，构建零碳产业体系。

2023 年 4 月，国家电投联合中国信达资产管理股份有限公司设立规模为 50 亿元的电投信能新能源产业基金，该基金投资于风电、光伏等清洁能源类资产及产业链相关项目。基金管理人及执行事务合伙人由国电投清洁能源基金管理有限公司担任，预计将为国家电投增加清洁能源管理装机规模 500 万千瓦。

案例三：大型央企牵头设立产业发展绿色基金

行业内央企介入绿色产业基金，在布局绿色新兴产业，整合产业资源的同时，也是其履行社会责任的重要体现，有助于央企社会声誉的提升。而且，央企旗下通常拥有上市平台，由其发起的产业基金投资的绿色产业项目的退出渠道更为顺畅。

2008 年，中广核成立了中国首家产业基金——中广核产业投资基金。持股结构上，中广核资本控股有限公司 65%，中国信达资产管理股份有限公司 20%，三峡资本控股有限责任公司 15%。募集资金来源为央企、银行、保险资金。当前，已成立三期基金，规模逾 100 亿元。一期、二期为公司制，三期为有限合伙制，项目投资由内部成立的投资决策委员会决定。主要投资于风力发电及新能源发电项目，未来通过将资产注入上市的中广核新能源控股有限公司（1811.HK）或出售予价格最高的第三方。

2019 年 1 月，国网英大集团联合三峡资本控股有限责任公司、农银资本管理有限公司、中银资本投资控股有限公司和交银国际控股有限公司 4 家央企直属金融机构设立国网英大产业投资基金管理有限公司，主要布局智慧城市建设与电力能源相关领域，已参与投资智慧能源及其上下游产业链企业，并将重点关注和深耕以下细分领域：一是围绕节能高效、绿色低碳能源消费，以电为核心的综合能源服务、储能等；二是围绕"数字新基建"，如电动汽车充电网络、城市地理位置信息系统、大数据中心和电力数据资产运营等；三是围绕终端感知信息采集，包括传感器、机器人、智能装备等。

2021 年 1 月，国家能源集团、中国国新控股有限责任公司联合发起的国能新能源产业投资基金成立，该基金整体规模为 100 亿元，主要投资方向为风电、光伏产业，以及氢能、储能、综合智慧能源等新兴产业的新技术项目。

2021 年 8 月，国电电力发展股份有限公司与中国神华能源股份有限公司、龙源电力集团股份有限公司、国家能源集团资本控股有限公司、国能基金管理公司共同出资设立国能绿色低碳发展投资基金（有限合伙）。该基金规模 60 亿元，基金投资范围包括绿色低碳项目的股权投资及并购等。

通过上述分析，可以得出能源电力行业绿色基金的发展趋势如下：

（1）行业龙头企业与金融机构加强合作。行业龙头企业与金融机构合作成立股权投资基金是一种较为有效的模式。这种模式能有效发挥龙头企业在相关产业的专业优势，融合金融机构在资本市场的品牌和资源优势，以及提升产融结合效率，实现双赢。例如，国网英大集团联合三峡资本控股有限责任公司、农银资本管理有限公司、中银资本投资控股有限公司和交银国际控股有限公司设立国网英大产业基金；协鑫集团和中金资本联合设立中金协鑫碳中和产业投资基金；远景科技集团有限公司与红杉资本中国基金共同成立总规模为 100 亿元人民币的碳中和技术基金。

（2）积极介入政府引导绿色基金。政府成立引导基金的主要目标之一是鼓励绿色行业创业投资，如节能环保、新能源、新能源汽车等绿色产业。大型企业投资标的与政府引导基金契合，能源电力企业可以积极介入政府引导基金，建立"政府—企业—金融机构"的稳固关系，实现各自的效用最大化。例如，2021 年7 月，国家绿色发展基金与宝武钢铁、太平洋保险、建信投资共同发起国内规模最大的碳中和基金——宝武碳中和股权投资基金，为宝武钢铁在钢铁低碳产业布局奠定基础。

第六章 交易类绿色金融产品应用与发展

碳交易市场是实现"双碳"目标的重要政策工具。企业入驻碳交易市场的目的是接受国家的碳排放核查，更加系统、完善地做好低碳工作，查漏补缺，并向一众企业做好带头作用。本章将重点介绍碳排放权交易与碳资产相关衍生金融产品。

第一节 交易类绿色金融产品概述

一、碳排放权交易

碳排放权交易是联合国为控制碳排量，改善温室效应，把以二氧化碳为代表的一些温室气体的排放权变成稀有商品形成的排放权的交易。碳排放权交易依托于碳市场，碳市场将排放权分配给企业，并允许市场参与者以低于自身减排成本的价格购买排放权。具体而言，即对二氧化碳等气体设定排放总量，对其发放允许分配指标值，且可作为商品被允许在市场上交易，碳排放企业可通过政府免费发放方式获得，也可以从政府手中购买获得，还可以向其他排放企业购买获得。

碳排放权交易作为一种市场机制、金融手段，根据可预期的真实价格进行交易，从而实现资源的有效配置。政府对企业历史排放情况进行盘查，盘查结果将作为企业获得排放额的依据，政府将碳排放空间分配到各控排主体，并在一定规则下进行市场交易，若企业排放高于发放的配额则需到市场购买配额获取碳排放权或努力节能减排，达到减排目标推动企业低碳发展。这一机制在中国的发展起始于清洁发展机制（clean development mechanism，CDM）。1997 年，《联合国气候变化框架公约》缔约国通过了《京都议定书》，引入了三种补充性碳交易

市场机制 ❶，其中，CDM 对中国影响最大。2012 年，随着《京都议定书》第一阶段的结束，中国参与国际 CDM 机制受限，开始建立自愿减排机制。目前，国内碳排放权有四种存在形态，即碳配额、核证减排量（certified emission reduction，CER）、国家核证自愿减排量（CCER）、自愿减排量（voluntary emission reduction，VER）。然而，CCER 市场在中国实际运行过程中，存在温室气体自愿减排交易量小、个别项目不够规范等问题，CCER 已于 2017 年 3 月被国家发展改革委宣布关停。

其中，碳排放权配额有两种分配方法。

一是市场主体获得的配额总量以其历史排放水平为基准，即"祖父法"。配额免费发放很大程度上削弱了排放企业抵制参与交易的意愿，同时也刺激了市场主体参与交易的积极性。此外，由于排放主体所获配额总量以其历史排放水平为基准，可以满足企业以往生产的需求，一般情况下不会对企业的经营带来过大的影响。而且企业如果降低了碳排放，由于排放权配额作为有价值的可转让凭证，企业还可以出售剩余的配额。

二是采用每单位活动的某种指标标准作为排放基准，即"基准线法"。市场主体获得的配额等于其预计活动量或事后统计的活动量乘以排放基准。该分配方法的主要优势是可以奖励参与者在碳排放交易机制建立之前所采取的减排行动。而且本方法如果设计得当，可以同样形式应用于已有设施和新参与者或新增产能，当与实际产量结合使用时，可随时间按照产量变化自动修正。基准法分配方法的劣势是较为复杂，尤其是在制定基准时。定义基准参考的无差别单位活动（这样才能有共同的比较标准）并不容易。

我国电力企业很早就参与了 CDM 项目中，现有相对成熟和较高水平的碳减

---

❶ 《京都协议书》中规定的三种补充性碳交易市场机制包括：①国际排放贸易机制（IET），发达国家之间交易或转让排放额度（AAUs），使超额排放国家通过购买节余排放国家的多余排放额度完成减排义务；②联合履约机制（JI），发达国家之间通过项目产生的排减单位（ERUs）交易和转让，帮助超额排放的国家实现履约义务；③清洁发展机制（CDM），发达国家通过资金支持或者技术援助等形式，与发展中国家开展减少温室气体排放的项目开发与合作，取得相应的减排量，这些减排量被核实认证后，成为核证减排量（CER），可用于发达国家履约。

排技术，而且相比其他企业，电力企业有先进的电力生产设备，加之电力的特殊性，配有精密的碳排放监测仪器，因此电力企业能够较为精准地开展碳排查工作，并及时进行盘查。2015 年，我国开展属于本国的 CCER 交易，其中，可再生能源占有最大比重，这部分可再生能源项目是企业的一项碳资产。

作为连接发电侧与用电侧的中心，电网天然具有由高效先进的输配电技术及最优化的运行模式带来的低碳属性。与此同时，电网又是实现降低发电、用电侧碳排放的重要工具和推动力量。电网企业涉及的碳排放权主要包括以下两个方面：

（1）电网内部减排。电网企业涉及的直接排放主要是指六氟化硫对应的排放。现阶段主流电网企业均已完成或正在建设六氟化硫气体的回收净化利用处理中心，同步配备气体回收、回充装置，从而促进绿色电网发展，实现低碳经济。同时，电网企业还存在一定量的间接排放，这往往是由电能在传输过程中的损耗引起的。如果能在现有技术基础上，进一步加强电网的运行管理，加快电网结构的合理优化，提升跨区调度水平，即可明显降低电力输送过程中的损耗，从而减少输电过程的碳排放，更加凸显电力传输优于其他能源传输方式的低碳属性。

（2）发电侧和用电侧减排。在发电侧，电网骨架的建设与加强为非化石燃料电力资源创造了接入条件，使得其大规模应用成为可能，促进减少整个电力系统乃至能源系统的碳排放，这是电网相比其他能源传输方式特有的低碳属性。此外，采用节能发电调度的手段，改变传统发电调度方式，在保障电力可靠供应的前提下，优先调度可再生发电资源，也可实现碳减排的效果。在用电侧，需求响应的主要目标是使用户能够根据自身的负荷特性做出最合适的选择，最终目标还是实现电力系统的资源优化配置，最大限度地节约资源。

从效果来看，电网自身的内部减排潜力较为有限，这是由网损的固有物理特性决定的，网损始终存在，且降到一定程度后趋于稳定，通过技术管理手段很难再降低，即使加大电网改造投资效果也并不明显。与此相比，电网在促进资源利用最大化，实现推动社会能源结构的变革及提升清洁能源使用率方面的作用和潜力越来越大。

二、碳资产管理

（一）碳资产

目前，学术界已经提出了碳资产的概念，但是对其本质的理解还处于模糊状态。从文献研究来看，目前业界对于碳资产的定义差异较大。本文选取了关于碳资产的常见定义，并通过比较筛选，列出了以下几种。

（1）碳资产是指在设定基准排放量后，企业由于实施有助于减排的项目而减少的碳排放量。这是 2006 年世界银行在《*Creating the Carbon Asset*》提出的观点。按照此观点，碳资产分为正资产和负资产。若企业实际排放量低于设定的基准排放量，则企业的碳资产为正资产；若企业实际排放量高于设定的基准排放量，则企业的碳资产为负资产。这是典型代表的狭义的碳资产定义。

（2）碳资产是一个具有价值属性的对象，体现或潜藏的所有在低碳经济领域的，适用于储存、流通或财富转化的有形资产和无形资产。其中，具有价值属性的对象可以是企业、地区、国家甚至全球，因为温室气体排放空间全球共享。该定义表明，碳资产是被包含于有形资产和无形资产中。该定义是广义的碳资产定义，弥补了定义（1）涵盖面太小的缺点。

（3）碳资产是地球环境对于温室气体排放的可容纳量通过人为的划分（相关制度的建立）和分配而被企业拥有或控制的一种环境资源，分为配额碳资产和减排碳资产。配额碳资产是政府分配给企业的温室气体可排放量。减排碳资产是指企业自身通过减排活动，得到政府认可而获得的配额外的温室气体可排放量。该定义从获得这种资源的途径对其进行了定义，也是碳资产的狭义定义。该定义也有范围太窄的缺点。

（4）碳资产是指企业通过交易、技术创新或其他事项形成的，由企业拥有或者控制的，预期能给企业带来经济利益的，与碳减排相关的资源，即与碳排放相关的能够为企业带来直接和间接利益的资源。该定义参照了资产的定义，是广义的碳资产定义。从碳资产必须满足的特性给出定义。首先，必须是被企业拥有或控制；其次，预期能为企业带来经济利益；最后，与碳减排相关。这是最接近本文所要阐述的碳资产的定义。但此定义的限定条件显得略复杂和冗长，作为定义，不够简洁明了。

通过上面的定义可以看出，目前对于碳资产的定义存在广义和狭义两类。有一个问题需要重视，即是否碳资产只是碳排放权？可以肯定的是，企业的资产是可以为企业带来利润的资源，而不是利润本身。同样，企业的碳资产应该是为企业带来碳减排的资源，而不仅仅是碳排放权本身。所以，在企业管理、提高企业竞争力的角度把碳资产只限定为碳排放权是不合适的。

从根本上进行分析，碳资产是在特定的经济环境中存在的，也就是低碳经济。部分碳资产只存在于低碳经济环境中，如二氧化碳封存技术、去碳技术等。这一类资产的特点是，为企业带来的效益直接体现在排放量减少，带来收益的途径只有减少碳排放量。如果没有低碳经济的背景，不存在温室气体排放空间稀缺，这一类碳资产不是资产，因为不能给企业带来收益。而只有在低碳经济环境下，减少碳排放量可给企业带来预期收益，可以成为资产，也是碳资产。

还有部分资产在非低碳经济环境中也存在，如节能技术、废物回收再利用技术和设备等。这一类资产的特点是，带来的收益不只有减少的碳排放量，在传统经济条件下，通过节约成本等手段，也能为企业带来收益。所以，在没有低碳要求时，企业依然会拥有这一节能技术无形资产。这一技术同时会减少企业的碳排放量，但这一部分贡献在传统经济条件下被完全忽略，并且没有价值。只有在低碳经济背景下，这一资产才具有了低碳价值，才能称之为碳资产。

经过以上分析，本书认为的碳资产的定义是：在低碳经济环境下，企业所有的为了减少碳排放量的活动中所使用的资产。换句话说，碳资产在低碳经济环境中预期未来可以为企业带来额外的经济利益。

（二）碳资产管理业务

碳资产管理的主要目的，是实现碳资产的保值增值。参与碳市场交易仅是实现碳资产保值增值的手段之一，其他主要的手段还包括信托、托管和拆借，以及以碳资产为担保和增信手段的各类"涉碳融资"，如碳资产质押（抵押）贷款、碳资产售出回购、碳债券及碳资产支持证券（ABS）等。

与其他金融资产一样，碳资产的管理也对应着一定的市场风险，尤其是在碳市场启动初期碳价波动较大，碳资产保值增值的难度也较高，实体企业往往不具备相应专业能力，在无法保证风险可控的情况下，参与碳市场交易的动力也不足。而由金融机构、碳资产管理机构等专业机构进行专业化管理，能够大幅提高企业碳资产管理能力、降低碳资产管理的成本和风险。将碳资产相对应的风险与部分收益让渡给金融机构等，依托其专业能力进行碳资产管理，并由企业分享部分收益，有利于企业专注于主业、避免不必要的风险和成本，因而具有更高的合理性与经济性。

第二节　产品应用基本模式

一、碳排放权交易

（一）碳排放权交易

碳排放配额交易通过交易系统进行，可以采取协议转让（包括挂牌协议交易和大宗协议交易）、单向竞价或者其他符合规定的方式。交易系统与全国碳排放权注册登记系统连接，由注册登记系统根据交易系统提供的成交结果办理配额和资金的清算交收。目前，国家要求八大重点排放单位——电力、建材、钢铁、造纸、民航、有色、石化、化工在全国碳排放权交易机构进行交易，重点控排企业需要在中国碳排放注册登记结算有限责任公司登记注册，然后在上海环境能源交易所进行交易。

（二）碳排放权交易衍生品

以碳排放权质押贷款为例，目前国内金融组织服务体系已经搭建得比较完善，但对碳金融的认知不足，对碳排放权质押贷款项目的运作、操作规程、交易制度等尚不熟悉，目前关注碳排放权质押贷款的只有少数商业银行，鲜少涉及其他金融机构。由于碳排放权质押贷款业务运作体系尚未真正建立，市场交易机制和风险防控机制缺失，提供业务运作服务支持的主体存在缺位，碳金融服务也受到国内碳金融市场政策、制度的阻碍，还未能形成完善的运作流程。

一项成功运作的碳排放权质押贷款项目背后必须有完善的运营平台提供组

织服务支持，需要碳排放权交易中心、商业银行、保险公司、咨询服务中介机构、信用评级等组织机构提供综合的碳金融服务，建立能够提供碳排放权质押贷款相关服务的运作流程。具体业务流程如下：①企业通过政府配额发放、节能减排获取，以及交易市场购买的方式获得碳排放权；②融资企业向碳排放权质押贷款咨询服务中介机构寻求质押贷款咨询服务；③咨询服务中介机构向融资企业提供质押融资解决方案；④融资企业向信用评级机构寻求碳资产信用评估；⑤信用评级机构提供碳资产信用评估报告；⑥融资企业将碳排放权凭证质押给银行，并与银行签订贷款合同；⑦碳排放权交易中心对质押物进行登记存管；⑧商业银行办理碳排放权交割承保；⑨保险公司提供质押融资保险方案；⑩银行向融资企业发放碳排放权质押贷款；⑪贷款到期融资企业向银行还款；⑫企业正常还款后收回质押权证；⑬如果企业不能按时还款，出现违约的情况，银行向碳排放权交易中心请求质押物委托处置；⑭碳排放权处置收入偿还银行贷款；⑮ 商业银行向保险公司办理违约保险索赔业务；⑯保险公司对银行进行违约保险赔偿。

二、碳资产管理

目前，企业碳资产管理有两种模式：一是成立碳资产管理部门，该模式的特点是在集团总部层面成立碳资产管理部门，统筹协调整个集团企业碳交易的各个环节，并对下属企业的碳交易实践提供技术支持；二是成立碳资产管理公司，与模式一不同的是，这类企业通过在集团内部成立一家相对独立的碳资产公司来专门负责整个集团的碳资产管理，如法国电力集团、中国华能集团有限公司等。主要任务是针对企业碳资产开发、碳市场分析、碳配额管理、排放报告编制、质量控制、审核风险控制、碳交易运作等进行实时跟踪和反馈企业管理过程信息，设计碳资产托管、碳资产拆借、碳债券、碳资产质押融资，以及碳资产卖出回购等服务，提出解决方案。同时，还应该根据重点功能节点设置数据分析、报告编制、审核质控、交易管理等子部门，这些部门将分别与企业其他专业部门进行信息对接与方案评估改进，通过跨职能部门的水平整合和优化合作，提升综合管理能力以获得减少碳排放的最大潜力。

第三节　能源电力行业绿色交易产品典型案例

一、碳排放权交易

2021 年 4 月，交通银行与上海环境能源交易所、申能碳科技有限公司共同完成长三角地区首笔碳配额质押融资。该笔业务是基于上海环境能源交易所碳排放配额系统发放的首笔融资，也是长三角地区首笔以碳排放权质押作为增信措施的贷款，是金融机构助力"碳达峰、碳中和"的最新尝试。

2021 年 10 月，金华银行嘉兴分行为嘉兴协鑫环保热电有限公司发放了 400 万元碳排放配额质押贷款。在整个交易过程中，嘉兴市秀洲区生态环境分局深入服务主动对接，核实企业碳配额，为银行和企业解读碳交易、碳配额政策。在协助金华银行股份有限公司嘉兴分行完成企业碳排放权价值评估的同时，还为企业量身设计了以碳配额质押的绿色融资模式，支持该企业在节能减排降碳方面进行改造。嘉兴协鑫环保热电有限公司是位于秀洲国家高新区的一家热电企业，也是首批纳入全国碳排放权交易的企业，拥有碳排放配额 50 余万吨。该笔业务采用"第三方碳配额"质押的融资模式，由嘉兴协鑫环保热电有限公司持有的碳排放配额作为质押物，通过中国人民银行动产融资统一登记公示系统进行质押登记和公示。

二、碳资产管理

案例一：国网英大股份有限公司设立碳资产管理公司

国网英大碳资产管理（上海）有限公司是国网英大股份有限公司全资子公司、主要从事低碳研究、碳排放数据审核、低碳培训、碳资产开发、碳交易、碳金融、绿色供应链管理，以及企业 ESG 信息披露等业务，为政府和企业应对气候变化、实施碳排放管理和实现低碳绿色发展提供智力保障和技术支持。国网英大碳资产管理（上海）有限公司具有北京、天津、上海、广东、深圳、湖北、福建、四川 8 家碳交易所会员资质和国际排放贸易协会会员资质，为百余家机构投资者提供开户服务。

案例二：南网碳资产管理公司

2023 年 1 月 10 日，南网碳资产管理（广州）有限公司在广州揭牌成立，标志着南方电网公司全面落实"四个革命、一个合作"能源安全新战略，全力服务"碳达峰、碳中和"目标实现开启新的起点。南网碳资产管理（广州）有限公司由南方电网资本控股有限公司和南方电网产业投资集团有限责任公司共同组建，聚焦碳实业、碳服务和碳金融，提供碳资产管理综合服务，助推南方电网公司绿色低碳发展，服务经济社会绿色转型。

作为南方电网公司实现绿色低碳发展的重要落实载体，南网碳资产管理（广州）有限公司将按照"双碳目标管理中心、双碳产业运营中心、双碳能源交易中心和双碳金融服务中心"为发展定位，以碳实业为基础、以碳服务为载体、以碳金融为驱动，内建"碳达峰、碳中和"管理运营体系，外建"碳达峰、碳中和"产业生态圈，推动能源消费方式变革。经营范围主要包括碳资产投资和管理，碳减排、碳转化、碳捕捉、碳封存技术研发，以及节能管理服务、认证咨询等。

2023 年 2 月，南网碳资产管理（广州）有限公司为南方电网综合能源股份有限公司、东莞莞能绿色能源服务有限公司完成南方电网公司首笔国际绿证的开发，并与东南亚某企业完成交易。这是该公司首笔国际绿证开发和交易业务，本次交易的国际绿证，将累计为终端用电企业抵消约 5600 余吨用电二氧化碳排放。

案例三：兴业银行开发碳资产服务产品

兴业银行股份有限公司（简称兴业银行）是目前我国参与碳金融市场最为积极的金融机构。兴业银行作为全国首家采纳"赤道原则"的银行，自 2007 年起便率先参与国内碳交易市场建设，目前已与全部 7 个试点碳市场达成合作关系，在碳交易制度设计咨询、交易及清算系统开发、碳资产质押授信、节能减排项目融资等方面提供一揽子产品与服务。此外，兴业银行开发了碳资产评估工具、国际碳资产质押授信业务、碳减排量销售协议、碳交付保函、CCER 交易结算和资金存管、碳排放权质押贷款等业务，均开创了国内先河，成为国内首家推出涉及碳交易前、中、后台全产业链的碳金融综合服务机构。

通过案例分析，可以得出以下启示：

（1）开展碳盘查等排放统计工作。包括所属电厂的碳盘查、数据报送优化策略研究、建立温室气体数据报送系统等。例如，多个央企碳资产公司在集团企业内部建立了集排放统计、指标调控及优化的信息管理系统，同时根据碳盘查结果进行全国碳市场压力测试，为后续的交易和履约环节夯实了基础。

（2）开展相关服务工作。碳资产公司负责整个集团内部所有控排企业交易策略的制定，并完成履约工作。同时，举办内部碳减排培训，发布相关报告等。

（3）协同开展碳金融创新。央企碳资产管理公司协同金融机构开发碳金融产品，包括成立碳基金、绿色结构性存款、配额—CCER互换期权、配额托管等。

第七章 风险管理类绿色金融产品应用 与发展

环境和气候的风险管理和有效的信息披露是实现"双碳"目标的重要基础，是绿色金融体系的"五大支柱"之一，同时受到监管机构的高度重视，并得到积极推动。绿色金融具有资源配置、风险管理及市场定价三大功能。一方面，绿色金融可以防范金融体系的气候环境相关的风险；另一方面，金融体系自身由于面临转型风险、物理风险，也需要通过开展环境信息披露、气候风险压力测试等举措来增强自身风险管理能力。

第一节 风险管理类绿色金融产品概述

一、绿色保险

（一）产品简介

绿色保险是伴随 20 世纪 70 年代人类生态意识和可持续发展理念的觉醒而发展起来的，它最早是为规避因环境污染问题所造成的金融风险而提出的，即环境污染责任保险。进入 21 世纪，绿色发展成为世界主要经济体走出低谷、提质增效的战略共识，绿色保险快速融入低碳减排和绿色消费领域。中国银保监会在《绿色保险业务统计制度的通知》中对绿色保险有官方定义：绿色保险是指保险业在环境资源保护与社会治理、绿色产业运行和绿色生活消费等方面提供风险保障和资金支持的经济行为。

美国的环境污染责任保险又称污染法律责任保险（pollution legal liability insurance）。美国的保险人一般只对非故意的、突发性的环境污染事故所造成的人身、财产损害承担保险责任。对企业正常、累积的排污行为所致的污染损害也可予以特别承保。美国采取了以下措施来确保环境污染责任保险落到实处：一是针对有毒物质和废弃物的处理可能引发的损害赔偿责任实行强制保险制度。二是明确环境污染责任保险的承保机构，设立了专门的保险机构经营环境污染责任保险。在美国，企业污染环境被视为环境侵权，美国法院往往判给原告远远超过实际财产损失的赔偿金，防止某些污染企业宁可罚款也不治污的现象发生。

德国在环境责任保险领域起步较早，积累了丰富的经验：一是德国环境污染责任保险是采取强制责任保险与财务保证或担保相结合的制度。二是《环境责任法》规定企业对环境污染负有推定责任（严格责任），即企业若无法证明自身没有责任，就必须承担责任。三是德国《环境责任法》将企业的赔付上限定为8500万欧元，若实际损失超过上限额度，则每个索赔人得到的赔偿将按比例降低。四是德国环境责任保险中的责任是指对第三方造成人身及财产损害而应承担的赔偿责任，如企业排污而造成附近居民生病等人身伤害，造成附近居民种的庄稼死亡等财产伤害，都属于保险范畴。

日本的环境污染赔偿责任保险不属于强制险，企业根据自身经营中发生环境污染事故风险的高低，自行决定是否有参保的必要。在环境污染事故发生后，被保险者因支付净化污染的费用，赔偿第三方罹患公害病所需治疗费、误工损失和慰问金等带来的损失，以及被保险者就对诉讼产生的费用等损失都属于保险赔付的范畴。在日本，环境污染赔偿责任保险不是任何企业都能投保，保险公司事先需要调查企业的环境管理水平，据此决定是否具备投保资格。如果企业的环境管理一塌糊涂，寄希望于出事故后由保险公司赔付，则此类企业没有资格购买环境污染赔偿责任保险。只有企业按要求整改，使自身的环境管理水平达到一定标准，才能参保。此规定的目的是促进企业首先采取措施，避免环境污染事故的发生。

我国环境污染责任保险试点工作起步于 2007 年。目前，全国 31 个省（区、市）均已开展环境污染强制责任保险试点，覆盖涉重金属、石化、危险化学品、危险废物处置等行业。

近年来，保险机构开发多样化的绿色险种，填补因环境污染和气候变化所造成的损失、降低人身财产安全风险和健康风险，与有关部门在绿色生态、绿色出行和绿色农业等诸多方面进行了有益的探索。如针对绿色出行推出从保险产品、保障范围、细分市场、车后市场等整个链条的普惠平台生态新型保险产品；一些科技型企业与保险企业合作，利用科技手段，助力绿色出行和绿色保险。

而在保险公司的资产端，保险机构作为重要的机构投资者，将资金投向环境保护、节能减排、资源循环利用、清洁能源、绿色交通、绿色建筑等领域，在运用资金的同时提高生态环境效益。一方面，保险资金通过债权投资计划、股权投资计划、资产支持计划、私募股权基金、产业基金、绿色信托、绿色 PPP 等形式，直接参与能源、环保、水务、防污防治等领域的绿色项目投资建设；另一方面，保险资金通过间接投资方式，特别是投资绿色债券，参与绿色金融试验区等绿色金融建设，进一步支持绿色金融发展。金融时报《绿色保险如何服务好新发展格局》报道显示，截至 2020 年 9 月底，保险资金实体投资项目中涉及绿色产业的债权投资计划规模达 9647 亿元，保险资金以股权投资计划形式进行绿色投资的规模达 14 亿元，全部直接投向环保企业股权。

（二）相关政策要求

我国绿色保险起步较晚，近年来在政府的主导下发展迅速。目前，政府有关部门已发布多项绿色保险的政策文件，旨在建立良好的市场环境，引导绿色产业发展。原银保监会积极构建绿色保险的政策体系，并将其发展要求纳入保险业战略性规划范畴，此外，保险业的规范性行业自律组织也积极推动绿色保险的发展。

国务院、原国家环境保护总局、原银保监会等相关部门积极构建涵盖各项政策指导意见、管理办法、发展规划纲要等在内的绿色保险政策体系；中国保险行业协会、中国保险资产管理业协会等行业自律组织支持绿色保险品种研究、明确着力发展绿色保险并倡议加强绿色投资，积极推进绿色保险发展。

环境污染责任保险自 2007 年起开始逐步发展，发展相对较久、较快，主要由于国家政策推动及地方政府的积极响应。2013 年，中华人民共和国环境保护部与中国保险监督管理委员会印发《关于开展环境污染强制责任保险试点工作的指导意见》（简称《指导意见》），要求各地开展环境污染强制责任保险试点。2015 年 9 月，党中央、国务院印发的《生态文明体制改革总体方案》明确提出："在环境高风险领域建立环境污染强制责任保险制度。"随后，相关部门发布了一系列文件，有力推动了环境污染强制责任保险制度的实施。

2020 年 4 月 9 日，中国建筑节能协会发布了绿色建筑质量性能保险试点方案，希望通过探索、试点、示范和引领作用，突破城市建筑质量管理与政府管理的责任风险，实现政府和保险业的共赢发展。

2021 年，银保监会发布《关于实施车险综合改革的指导意见（征求意见稿）》，提出支持创新产品和服务，包括支持行业制定新能源车险、驾乘人员意外险、机动车延长保修险示范条款，探索在新能源汽车和具备条件的传统汽车中开发机动车里程保险（UBI）等创新产品，制定包括代送检、道路救援、代驾服务、安全检测等车险增值服务险的示范条款。

我国绿色保险相关政策如表 7-1 所示。

表 7-1 　　　　　　　　　我国绿色保险相关政策

时间	政策名称	作用
2007 年	《关于环境污染责任保险工作的指导意见》	推进环境污染责任保险的试点工作，绿色保险制度开始萌芽和建立
2015 年	《中国人民共和国环境保护法》（修订版）正式实施	鼓励投保环境污染责任保险
2016 年	《关于构建绿色金融体系的指导意见》	为发展绿色保险指明了方向和路径
2018 年	《环境污染强制责任保险管理办法（草案）》	进一步规范健全了环境污染强制责任保险制度，丰富了生态环境保护市场手段
2018 年	《关于全面加强生态环境保护坚决打好污染防治攻坚战的意见》	推动环境污染责任保险发展，在环境高风险领域建立环境污染强制责任保险制度
2019 年	《关于构建市场导向的绿色技术创新体系的指导意见》	鼓励开发有关支持绿色技术创新和绿色产品应用的保险产品

时间	政策名称	作用
2022 年	《绿色保险业务统计制度的通知》	首次对绿色保险进行定义，正式印发《绿色保险统计制度》，倡导保险机构建立健全对绿色保险产品、绿色产业客户和绿色保险标的的识别及管理机制
2022 年	《银行业保险业绿色金融指引》	为银行保险机构提供绿色保险产品相关指引

（三）优缺点及适用条件

绿色保险中更注重人类社会生存环境利益及顾客的满意度，始终把"绿色利润"作为自己的目标，通过运用费率杠杆、制定行业重点扶持政策，改变传统考核方法等手段，达到保险业长远经济效益与维护生态环境的和谐统一。

在挑战方面，一是绿色保险的运作机制仍有待完善。我国的绿色保险仍处于"政策推动＋实践探索"阶段，绿色保险整体制度框架还不能满足发展的需要，权威的统计核算制度和标准也有待建立。此外，我国关于绿色保险的相关法律条文缺乏系统的规定，可以援引的条款不仅多而散，且未对环境污染的归责原则、赔偿标准等做详细认定。二是保险公司推进绿色保险能力有待提升。对于传统保险公司而言，业务开展需要稳定预期，需要历史经验和大数据作为模型构建的支撑。绿色保险作为新生事物，对于保险公司开展新型保险业务带来了挑战。以能源行业相关的绿色保险为例，在传统财产险、责任险方面，无论是风电、光伏还是锂电池储能，如果按照传统保险模式定价，保险公司倾向于认为风险较高，由此带来的结果是保费一般很高，势必削弱绿色能源企业盈利能力。此外，自然水文气候也会带来一定的运营风险，如夏季风力不达预期，或者冬季严寒功能费用超支等损失。

二、环境风险管理产品

（一）产品简介

环境风险通常是指由人类活动引起的，通过环境介质传播的，能对人类生存、发展的环境和社会、经济、金融系统产生破坏性影响事件的不确定性。2020年世界经济论坛发布《全球风险报告》，将气候变化视为全球面临的最大风险之一。

环境风险可以分成物理风险和转型风险两大类。其中，物理风险包括各种与环境和气候相关的自然灾害和事件，如洪水、飓风、干旱、热浪等，以及水污染、土地污染等各种环境污染事件；转型风险一般是指在经济政策向低碳转型过程中，由于政府政策变化、技术革新、市场情绪变化、环境规制变更等人为因素导致的与环境相关的变化所引发的风险。图 7-1 展示了由环境风险造成的各类金融风险。

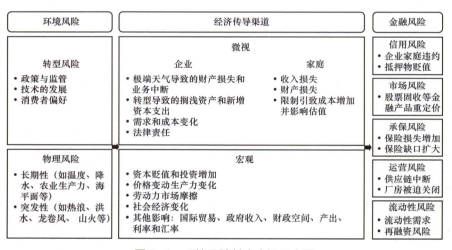

图 7-1 环境风险基本内涵示意图

环境风险管理主要由环境风险识别、评估、应对三部分组成，相关产品主要集中于识别与评估。由于环境风险可能通过多种途径进行传导，增加企业与金融机构的运营风险。为了有效防范和管理这些风险，目前国内外已经采取了多种方法开展对环境风险的定量分析，其中包括压力测试方法［如敏感性分析、情景分析、向量自回归模型（vector autoregression model，VAR）模型等］、精算模型及绿色评级和绿色指数方法等，这些方法在实际运用中可以互相嵌套或配合使用。

1. 环境压力测试

根据国际清算银行下设的全球金融系统委员会（Committee on the Global Financial System，CGFS）的定义："压力测试是一种用于评估一个特定事件或一组财务变量的变动对企业造成的潜在影响的风险管理工具。"根据原银监会发布的《商业银行压力测试指引》（银监发〔2014〕49 号），传统压力测试步骤主要包括：定义测试目标，确定风险因素，设计压力情景，收集测试数据，设定假设条件，确定测试方法，进行压力测试，分析测试结果，确定潜在风险和脆弱环节，汇报测试结果，采取改进措施等。而环境风险压力测试通过借鉴压力测试的思想，对可能面临的环境风险进行量化评价。主要步骤如下：

（1）明确承压对象和承压指标。承压对象即进行压力测试的主体，多为被分析的企业，而承压指标是指对承压对象施加风险压力时所观察的经济性指标。

（2）明确压力测试的分析因素。压力测试因素是企业或项目所面临的环境风险，包括相应的物理风险与转型风险。

（3）设定压力测试的分析情景。压力测试的情景设定围绕各项压力分析因素的变动范围进行，一般分为轻度、中度、重度三种情景（或有序转型、无序转型、温室世界三类），通过逐级增加分析因素的压力等级，结合相应的数据分析和预测，从而设置相应的情景。

（4）构建压力测试的传导路径。压力测试模型的核心部分是压力测试的传导路径推导，通过构建环境风险因素与承压指标之间的经济关系，达到量化环境风险对企业影响的目的，实践中常从成本、收益等多个角度来模拟构建环境风险的传导路径。

（5）进行压力测试。针对构建好的传导路径，测算不同风险情景下的承压指标值，从而得到企业或项目对环境风险的承受程度。

2. 绿色评级及指数类产品

绿色评级是基于企业环境表现等方面的风险和管理能力，通过分析企业环境表现与资产财务表现之间的关系，给予企业、借款人和发债人等被投资主体的可持续发展能力的评价，从而起到环境风险分析和管理的作用。随着"双碳"目标推进，绿色投资理念得到深化，越来越多机构开始研发绿色评级及相关指数类产品，来满足投资者需求。彭博（Bloomberg）、MSCI、ECPI、标准普尔、穆迪公司等机构开发了各类绿色评级方法，并基于此研发了多种绿色指数产品，范围涵盖特定企业、行业及国家。

（二）相关政策要求

2011年，"十二五"规划首次提出"防范环境风险"，成为我国开展环境风险管理的起点，同年《国务院关于加强环境保护重点工作的意见》提出了"建设更加高效的环境风险管理"要求。2015年，《中华人民共和国国家安全法》将"环境安全"提升至国家安全层面，《"十三五"生态环境保护规划》更是进一步提出系统构建事前严防、事中严管、事后处置的全过程、多层级风险防范体系。而在2017年二十国集团（Group of 20, G20）峰会上，要求将环境风险纳入影响金融风险的指标体系中，环境风险测评成为信贷风险的重要组成部分，并构建了相应的评估指标体系。

随着环境风险管理的地位和作用逐步提升，2017年12月，中国人民银行与法国中央银行、荷兰中央银行等8个国家的中央银行和监管机构成立"央行与监管机构绿色金融网络"（Central Banks and Supervisors Network for Greening the Financial System，NGFS），它们将由环境风险引发的金融风险作为研究课题。在2019年发布的《行动倡议：将气候变化纳入金融风险》报告中，NGFS明确指出气候变化已经成为金融风险的重要来源，并且提议将气候变化相关风险纳入金融稳定监控和微观监管。此外，人民银行发布的2020年第3号工作论文《气候相关金融风险——基于央行职能的分析》更是鼓励金融机构将环境风险纳入风险管理框架。2022年，银保监会印发《银行业保险业绿色金融指引》，要求银行保险机构将环境、社会、治理要求纳入管理流程和全面风险管理体系。

（三）优缺点及适用条件

随着环境气候风险管理全面纳入风险管理体系、环境信息披露等工作逐渐落地，环境风险管理产品需求提升。环境风险管理，一方面，有利于识别和量化环境因素引发的风险及创造的潜在投资机会，从而规避经济损失和相关风险，获取潜在收益；另一方面，监管机构通过环境风险分析，可以识别和防范环境相关因素可能引起的系统性风险，防止超预期损失的发生。但由于环境风险管理整体技术难度高，历史经验不足等原因，发展较为缓慢。

受制于科学理论、模型、数据等方面的局限性，在进行情景分析和压力测试时，即使在相同的假设前提下，如果选择了不同的模型、参数、数据来源，也可能会得到迥然不同的量化测试结果。此外，环境风险管理分析建立在几十年甚至上百年数据上，涵盖全球数千个情景指标，传统量化分析方法很难满足分析要求，对模型提出了很高的要求。当前，风险传导路径尚未明晰，历史经验较少，转型风险在不同行业的转型特点各异，加上环境风险历史数据不足、标准不统一，使得发展面临极大挑战。数据获取方面，目前各机构、企业对情景分析、碳核算、转型风险和物理风险等相关数据的认识和掌握有限，国内对于转型风险数据缺乏披露，基本依赖于外部数据供应商，在数据收集频率、覆盖范围、数据质量、数据核验、未来可持续获取性等方面都存在不足。数据标准方面，当前我国对环境风险数据收集、数据质量管理缺乏明确的准则和标准，以碳排放数据为例，尽管我国出台了多个重点行业的碳排放核算方法，但在企业层面，仍然面临着核算成本高、核算流程复杂的困境，且缺乏对不同资产碳排放的汇总方法。

三、环境信息披露产品

（一）产品简介

信息是金融市场有效发挥资源配置作用的重要基础，2017 年，G20 绿色金融研究小组将环境信息披露列为重要议题，致力于在全球范围推动环境信息体系建设，提高环境数据的可得性、可信性和标准化。目前，全球尚未建成公开、规范、统一、透明的环境信息披露体系，环境信息收集、披露及分析的工具有待发展。而在我国，环境信息披露产品较少，根据披露主体的不同，环境信息披露可以分为企业披露和非企业披露两大类别。

1. 企业环境信息披露

从环境信息披露内容来看，根据《上市公司环境信息披露指南（征求意见稿）》（2010）规定，沪深A股公司应当编制年度环境报告，披露环境会计信息，内容包括环境管理情况（环境保护理念、环境管理组织结构和环保目标、环保体系认证及自愿开展清洁生产情况、与环保相关的教育及培训、与相关方进行环境信息交流情况、环境绩效情况、获得的环境保护荣誉等）；重大环境问题情况和环保守法情况，包括环境影响评价和"三同时"制度执行情况、污染物达标排放情况、一般工业固体废物和危险废物依法处理和处置情况、总量减排任务完成情况、排污费缴纳情况、清洁生产实施情况、环境风险管理体系建立和运行情况等。

从环境信息披露形式来看，主要分为货币形式、非货币形式和货币与非货币结合形式三种。货币形式指以数字形式列明的环保信息（可度量的绩效）；非货币形式是以文字形式表述的环保信息（不可度量的绩效）；货币与非货币相结合的形式指环保信息以数字和文字的形式同时进行描述。

环境信息披露方式方面，主要有年度财务报告、社会责任报告、环境报告等方式。年度财务报告中，企业一般在报表或附注内列示对环境资产、环境费用、环境效益的核算内容；社会责任报告中，环境保护为重要内容之一，企业常在这部分披露为保护环境而付出的财务代价及取得的成果；环境报告主要披露企业环境管理理念、企业的环境管理体制及措施、环境信息公开及交流情况、相关法律法规执行情况、环境会计等各种信息。

能源电力行业作为实现"2030年前碳达峰、2060年前碳中和"的"双碳"目标，推动能源清洁低碳转型的重点行业，已经有较为完善的环境信息披露体系。2022年，中国电力企业联合会立足行业，面向社会公开发布第5份社会责任报告，国家电网公司连续17年发布社会责任报告，保持了央企最早最长发布纪录；作为我国较早引入社会责任理念的企业之一，南方电网公司亦连续15年发布企业社会责任报告，探索形成了社会责任领域里的"南网模式"；国家能源集团自2017年重组成立以来连续发布5份社会责任报告，被中国企业社会责任报告评级专家委员会评为最高级别"五星佳"级。此外，国电电力发展股份有限公司、中国电力建设集团有限公司、中广核、大唐国际发电股份有限公司、中国华电集团有限公司、国电南瑞科技股份有限公司等行业龙头也具备良好的社会责任报告披露水平。

2. 非企业环境信息披露

非企业环境信息披露，也称为公共环境数据，通常是国际组织、国家政府、科研院所、民间组织等发布的环境数据，形式较为丰富，这类数据的披露主体主要是公共部门，数据本身带有较强的公共属性（特别是国家、地区层面的自然资源、气候等数据），可以通过公开渠道获得。公共环境数据通常有以下四个特点：①规模庞大，公共环境数据不受限企业边界范围约束；②形式丰富，从企业违规行为统计到政府环境政策量化目标都可以成为公共环境数据；③来源多样，由于披露主体多样化，公共环境数据可以从各种不同渠道获取；④边际成本低，部分公共环境数据（如气候数据）有既定用途，成本已经被覆盖，搜集此类数据无须额外成本。

当前，我国的公共环境数据已经从数据缺失、数据共享迈入结构呈现阶段，政府部门共享公共环境数据，并且以一种更简单明了、用户友好的方式进行结构化的呈现，未来有望将这些公共环境数据整合到企业定价中。得益于公共环境数据的共享机制，商业银行等金融机构可以参考这些信息对污染企业实施限贷、停贷等措施。在政府环境数据公开的基础上，我国逐渐开始出现第三方数据产品提供商，如公众环境研究中心（Institute of Public and Environmental Affairs，IPE）。IPE 通过收集、整理和分析政府和企业公开环境信息，服务于绿色采购、绿色金融和政府环境决策，构建了环境信息数据库并开发了污染地图网站、蔚蓝地图等应用平台。

近年来，部分省地市环保部门在公共环境数据结构化呈现领域开始探索新做法，以江苏省为例，该省设计了一套企业环境信用评价机制，用绿、蓝、黄、红、黑五种颜色来予以区分。IPE 在结构化呈现公共环境数据方面也有许多探索，最早应用在绿色供应链，通过设计企业环境透明度指数（corporate information transparency index，CITI）撬动品牌力量改善制造企业的环境绩效。2015 年，IPE 推出了上市公司污染排行榜，通过分析上市公司污染物排放在线监测数据，将超标排放的上市公司从重到轻进行排序。

随着环境信息披露发展的推进，缺乏全球统一、公开、规范的披露标准仍是一大痛点。2021 年 11 月，第 26 届联合国气候变化大会，国际财务报告准则基金会宣布成立国际可持续发展准则理事会（International Sustainability Standards Board，ISSB），专门负责制定可持续发展披露标准的全球基准，来满足全球投资者关于气候和其他可持续发展事项的信息需求。2022 年 3 月，ISSB 发布了《国际财务报告准则可持续披露准则第 1 号—可持续相关财务信息的一般要求》（IFRS S1 ED）及《国际财务报告准则可持续披露准则第 2 号—与气候相关的披露》（IFRS S2 ED）两份征求意见稿，标志着国际可持续发展披露准则（International Sustainable Development Standards，ISDS）框架建成。ISDS 包括一般披露、主题和行业特定标准，其中主题初步要求为气候变化，行业则参照 ISSB 的行业细分，每类标准都将遵循气候相关财务信息披露工作组（Task Force on Climate-Related Financial Disclosure，TCFD）中建议的四大支柱，即治理、战略、风险管理及指标和目标。IFRS S1 ED 指出，要把可持续发展信息纳入企业通用财务报告流程中，企业财务报告与可持续性报告应当同时发布，并且明确披露公司可持续发展相关信息与其财务报表信息之间的关系。IFRS S2 ED 则为气候信息披露提供指导，建立与四大支柱和跨行业指标（包括温室气体排放量）相关的信息披露指南，并对一些具体披露细则进行要求。

（二）相关政策要求

自 2003 年国家环境保护总局发布《关于企业环境信息公开的公告》，作为第一个与企业环境信息披露相关的政策，规定了 21 个必须公开的，以及 8 个自愿公开项目。随着环境信息披露工作的推进，2006 年《关于共享企业环保信息有关问题的通知》要求国家环境保护总局向人民银行提供企业环境违法活动信息。随着号称史上最严的《环境保护法》施行后，重点排污单位除了向环保部门报送环境数据，同时需要向社会公开相关信息。近年来，我国为了防范系统性金融风险，出台了一系列相关法律法规，规范其环境信息披露行为。

（三）优缺点及适用条件

环境作为一种公共品，企业的行为会对其产生外部性，通过采取环境信息披露，引起市场、投资者与社会关注，在政府干预外引入社会与公众监督，在一定条件下是一种更优的、更低成本的环境保护方法。开展环境信息披露是企业履行环保责任的有效方式，是政府推进现代环境治理体系的重要渠道，也是推进"碳达峰、碳中和"工作的重要基础。通过发展环境信息披露产品，有利于提高环境信息透明度，推动绿色产业的投融资进行。在相关政策的引导下，披露环境信息的企业数量稳步增加，但由于环境信息披露产品标准尚未统一，量化指标、方法及相关数据库不完善，导致环境信息披露的范围和质量差异较大，大多数为定性、描述性信息，内容片面、缺乏可比性，在定量信息披露方面多为鼓励性。

目前，我国对于环境信息披露主要采取强制公开与自愿公开相结合，强制公开披露主要针对以下九类企业：属于重点排污单位的上市公司；实行排污许可重点管理的上市公司；排放有毒、有害水污染物的上市公司；生产、进口机动车、非道路移动机械的上市公司；产生、收集、贮存、运输、利用、处置固体废物的上市公司；实行强制性清洁生产审核的上市公司，发生与环境保护相关重大事件的上市公司；纳入"深证 100 指数"的上市公司，以及在上海证券交易所上市的从事火力发电、钢铁、水泥、电解铝、矿产开发等对环境影响较大行业的上市公司。

第二节　产品应用基本模式

一、绿色保险

保险机构为绿色保险的实施主体，其业务流程主要包括两部分：业务承保、保险理赔。业务承保是保险人通过对风险进行分析，确定是否承保，确定保险费率和承保条件，最终签发保险合同的决策过程；保险理赔指保险公司在承保的保险事故发生，保险单受益人提出索赔申请后，根据保险合同的规定，对事故的原因和损失情况进行调查，并且予以赔偿的行为。根据最新银行业保险业绿色金融指引，保险机构应当有效识别、监测和防范业务活动中的环境、社会和治理风险，重点关注客户（融资方）及其主要承包商和供应商因公司治理缺陷和管理不善造成的环境风险、社会风险和治理风险。将环境、社会和治理要求纳入管理流程和全面风险管理体系，加强信息披露和相关方沟通互动，完善相关政策制度和流程管理。在流程管理上重点关注授信和投资尽职调查、合同条款、对信贷和投资资金配置的管理，以及贷后、投后管理。

二、环境风险管理产品

（一）环境压力测试模式

环境压力测试大致包括六个步骤：选择要测试的资产组合、选择施加的压力因素及压力指标、选择承压对象并确定承压指标、构建情景、构建传导模型、执行压力测试和结果分析。环节压力测试的基本步骤如图 7-2 所示。

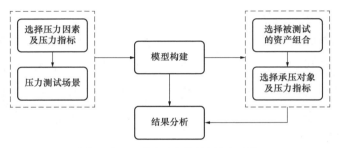

图 7-2　环节压力测试的基本步骤

针对物理风险，清华大学开发了气候物理风险评估模型，应用于环境风险对金融风险的影响。在这个模型中，考虑重大灾害风险，如洪水、台风、干旱等对公司的影响，从而表现在财务上，进而影响与其相关的信贷风险。物理风险的测算分为灾害损失模型与金融风险模型两部分。其中，灾害损失模型评估灾害带来的直接物理损失及由于灾害天气导致的间接财务损失，包含气候变化加剧效应、历史灾害、资产暴露和脆弱性四个模块；金融风险模型主要解决灾害对于财务表现的影响，通过将灾害损失模型的结果应用到财务模型中，从而得到相应的指标调整。

针对转型风险，碳市场引入的政策规制及碳价将成为公司主要转型风险，对此施罗德开发了"碳风险值"（carbon VaR）模型工具，来测算更严厉的环境政策和更高的碳价可能给公司的利润和收益带来的风险。"碳风险值"在估算过程中将排放、价格和需求变化这三个关键变量纳入考量,评估碳因素对行业利润的影响。其主要逻辑为,通过碳排放总量与碳价来估算企业将面临的碳成本,假设碳成本全部转移至产品价格,产品价格上升会导致需求减少,最终引起利润减少。根据 carbon VaR 的预测,如果碳排放权价格水平超过每吨二氧化碳 100 美元,全球几乎一半的上市公司盈利将面临超过 20% 的涨跌。

近年来,中央财经大学绿色金融国际研究院创新将环境因子(如碳风险、环保处罚风险等)纳入资产定价模型和 VAR 模型,结合敏感性分析评估资产是否受环境与气候因素的影响,同时纳入情景分析模拟未来可能发生的环境和气候事件等环境压力情景下,资产的价值变动,定量测算环境和气候风险对资产收益率的影响,并得出在极端环境和气候风险下资产可能受到的最大风险值。

针对能源电力行业,已有学者设计煤电企业环境压力测试模型,并对其压力传导进行推演,煤电企业环境压力测试流程图和煤电企业风险变动的压力传导图,如图 7-3 和图 7-4 所示。

图 7-3　煤电企业环境压力测试流程图

(二)绿色评级及指数类产品

以摩根士丹利资本国际公司(MSCI)ESG 评级为例,指标体系可以分为三个层次。第一个层次是 ESG 指标的基本分类,包括环境保护(environmental)、社会责任(social)和公司治理(governance)三个大类;第二个层次是在每一大类之下不同的子类,用以衡量大类下不同方面的表现,如环境保护下设气候变化、自然资本、污染物与废弃物、环境机会四大类;第三个层次为每个二级小类下的具体指标，如气候变化下的碳排放、产品碳足迹等指标，可以根据评级对象及数据可得性的需要进行调整。从指标性质来看，三级指标可分为普通指标和特例调整两类，普通指标是指更新频率较为固定且对 ESG 评级影响较为频繁的指标，它们构成了 ESG 评级的基础；而特例调整指标则针对偶尔发生，但对评级结果影响较大的指标，一般为负面的突发事件。在构建好指标级之后，一般通过打分卡和数理模型方式，将标准化后的指标进行加权赋分，得到一个 ESG 评分，并根据行业调整，落入 ESG 字母评级"AAA"（最高）至"CCC"（最低）七个等级中的某一档，即该企业评级结果。

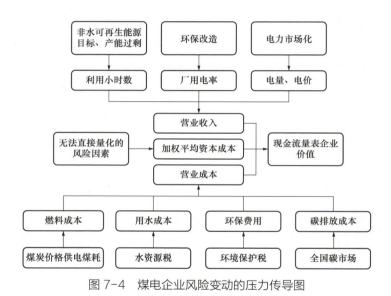

图 7-4　煤电企业风险变动的压力传导图

绿色指数则是以可持续发展理念为核心，在指数样本选择和权重分配上，体现企业在支持环境改善、应对气候变化和资源节约高效利用的经济活动中所面临的机遇和风险，主要包括气候基准指数和绿色主题指数两大类。气候基准指数通常以"双碳"战略或国际上的净零排放目标作为选样基本框架，通过超、低配不同碳排放和气候转型表现的上市公司实现指数碳中和或净零排放目标；绿色主题指数聚焦细分赛道主题行业，即选取环保、节能、清洁能源、绿色交通、绿色建筑等产业领域作为指数标的。

三、环境信息披露产品

（一）社会责任报告

社会责任报告的目标受众群体是企业的各类相关方，包括客户、员工、合作伙伴、供应商、政府、非政府组织等。面对多种类型的相关方，企业在社会责任报告里面披露的内容需要包罗万象，以满足不同细分群体的要求。相对来说，企业编制社会责任报告的自由度会比较大，只要遵循一般性的报告框架（最常见的是全球报告倡议组织标准或是中国社科院的 CASS 4.0 标准）来展开内容即可，有一部分企业的报告里还特别设置责任故事的内容，比较强调报告的可读性。

（二）ESG 报告

ESG 主要针对企业的环境责任、社会责任、企业治理三方面表现进行评价。不同于传统的财务和业务绩效评价，ESG 是资本市场中衡量上市公司是否具备足够社会责任感的重要标准，兼顾投资收益与社会责任，追求可持续发展。ESG 报告一般都是有相对较细的指引要求，所以除了参考全球报告倡议组织标准等框架，企业更要应遵循相关的 ESG 报告要求。ESG 概念与关键议题如图 7-5 所示。

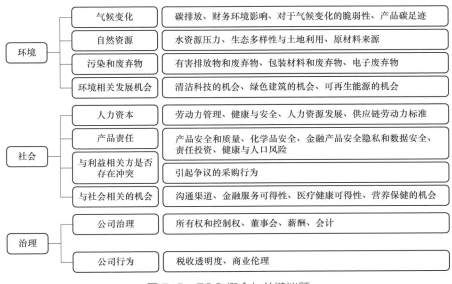

图 7-5　ESG 概念与关键议题

第三节　能源电力行业风险管理类绿色金融产品典型案例

一、绿色保险

绿色保险在国际、国内都有丰富的实践案例，具体险种包括环境污染责任保险，新能源财产保险、雇主责任保险、工程保险，巨灾指数保险，新能源车险、绿色出行保险，绿色建筑保险，碳保险等。

案例一：环境污染责任保险

中国再保险（集团）股份有限公司（简称中再集团）中作为中国环境污染责任保险的"先行者"和"推动者"，在很多地市的环境污染责任保险项目中提供再保险支持，积极推进省级环境污染责任险试点扩展工作，参与深圳、贵州、吉林、山东等省市统保项目的顶层设计，并建立智慧环责险服务平台。旗下中国大地保险为 875 个项目提供了约 12 亿元的环境污染责任风险保障，并成功中标湖州和宁波市绿色环境污染责任险共保体资格。积极探索环保企业的职业责任保险模式，为环境污染和环境治理的各方提供全面风险保障。

船舶污染是环保部门的重点监测领域之一。中再集团旗下华泰保险经纪有限公司（简称华泰经纪）的海事业务始于 1993 年，二十多年来海事部门接受来自国际船东互保协会、航运企业、船壳险及责任险保险公司的委托，处理外国商船在中国水域发生的各类保赔险理赔案件，其中一项非常重要的工作即为处理船舶污染案件。截至 2021 年底，华泰经纪共有清污客户 132 个，2021 年代签清污协议 2034 份。2021 年 4 月 27 日，青岛海域发生"4.27 特大油污案"，事故发生后，华泰经纪发挥职业优势，组建了有经验的检验师、知名律师和清污专家专案团队，积极协调国际船东保赔协会集团、航运企业、中国海事行政部门、清污单位及受害方等各相关方，协助调查、监督、协调事故的处理，保障油污事故发生后的清污工作顺利、有效进行。经过各方努力，历经 52 天的奋战，油污污染得到有效控制，清理海上油污面积达 3000 平方千米以上，海上油污清理工作取得阶段性胜利。

2021 年，中再集团产险积极推动环责险生态圈建设，与生态环境部环境规划院气候变化与环境政策研究中心、循环经济协会危险废物资源化利用与处置专业委员会、清华大学环境学院等环境监管、行业及技术方建立广泛联系，积极参与相关顶层政策设计和研讨，为北京、贵州、深圳、山西、大连等地环责险项目提供再保支持。

案例二：光伏、风电、水电的财产保险、雇主责任保险、工程保险

中国太平洋保险（集团）股份有限公司（简称中国太平洋保险）在 20 世纪末期开始承保水电项目和光伏发电项目，21 世纪初期开始承保风电项目和核电项目。在水力发电领域，中国太平洋保险参与了三峡、白鹤滩、乌东德等国内前五大水电的财产保险项目，并连续多年独家 / 首席承保五大水电站全体建设者的雇主责任保险。近期，还承接了金沙江上游旭龙水电站等工程保险项目。在光伏发电领域，中国太平洋保险产险深度参与了五大电力集团旗下的光伏项目，同时还参与了中广核新能源、中国节能环保集团有限公司的诸多新能源项目。

对清洁能源产业的保障不仅体现在电力建设方面，在运营支持方面也有相对应的绿色保险。海上风电运营方面，中国太平洋保险产险参与福建省三川海上风电有限公司、国电电力浙江舟山海上风电开发有限公司在内的 10 个海上风电项目，保额累计超过千亿元，市场份额第一。在核电领域，2021 年上半年，承保国内 19 台在运核电机组运营险，累计保额达 120 亿美元。

此外，中国太平洋保险还可为清洁能源专业化提供风险预防管理服务。在水力发电领域，中国太平洋保险通过风险雷达客户端和物联网设施提供水电流域水位和其他自然灾害预警服务，还同中国长江三峡集团有限公司（简称三峡集团）建立了应急救援队伍，成为西南区域唯一具有水上救援能力的应急管理队伍。在光伏发电和海上风电领域，中国太平洋保险通过与国内外专业第三方合作，积极开展光伏和海上风电风险防控研究，为项目提高保险保障精度的同时，提供风险管理防控建议。

案例三：巨灾指数保险

巨灾指数保险与传统型巨灾保险相比，具有高杠杆、低成本、低风险、高效率、覆盖范围广的优势。广东巨灾保险自 2014 年启动方案研究，2016 年在湛江、汕头等十个地市落地试点，在 2018 年台风"山竹""艾云尼"等灾害中，仅人保财险广东省分公司触发的巨灾指数保险赔付就达 3.1 亿元，其中一次性支付阳江市政府赔款 5500 万元，是广东省开办巨灾指数保险以来最大的一笔赔款。2019 年 3 月，广州市巨灾指数保险试点宣布正式启动。广州市 2019—2021 年巨灾指数保险由中国人民财产保险股份有限公司（简称人保财险）、中国太平洋财产保险股份有限公司（简称太平洋财险）、中国平安财产保险有限公司（简称平安财险）共同承保，承担的共保体份额分别是 40%、30%、30%，其中人保财险为共保体首席承保人，全面牵头负责本项目的共保体组建、展业、出单及理赔、服务工作。根据广州市近十年气象灾害及经济损失情况，广州巨灾指数保险选择台风、强降水两项灾害因子，保费由市、区按 1∶1 分摊，台风保险金额 3.5 亿元，强降水保险金额 3 亿元。

案例四：新能源车险、绿色出行保险

针对新能源汽车，发达国家车险业已基本形成相应的风险产品体系。如在墨西哥及欧洲等，法国安盛保险针对纯电动汽车提供一站式保险服务，不仅包括传统保障，且将公共充电意外及挂墙式充电器保障等纳入其中。据悉，其已经产生以新能源汽车为对象的专用保险主体，如英国地区的 Plug insure 公司等。

2018 年，人保财险、平安财险、阳光财产保险股份有限公司（简称阳光财险）、众安在线财产保险有限公司（简称众安财险）4 家财险公司申报的国内首批"汽车里程保险"通过了银保监会审核。里程险在产品定价中强调按里程数据来计算保费，将汽车的行驶距离作为最大的风险因子，以单位行驶距离作为风险暴露的计量基础。与传统车险相比，里程险能够根据行驶距离更好地识别不同客户群的细分需求，并且从社会福利的角度来看，里程险对于促进保险公平和减少环境污染有一定的积极作用。车主们在购买车险时，将按照行驶里程付费，车开得多保费多，开得少的使用频率低的车辆，保费则会更低。

案例五：绿色建筑保险

绿色建筑保险可以对企业建筑开发项目的事前、事中、事后进行阶段性风险保障，开发前有助于项目投融资过程中的增信，开发中发挥风险管理作用，开发后针对保险范畴的损失进行及时补损。综合而言，绿色建筑保险有利于以市场化手段助力绿色建筑达成预期价值，推动建筑的"绿色化"从设计环节平稳过渡到运行环节。

当前，主流的国际绿色建筑保险产品主要可以分为绿色建筑财产保险和绿色建筑职业责任保险两类。绿色建筑财产保险产品以绿色建筑资产本身及附属设施、材料、装备为标的；绿色建筑职业责任保险产品则是以各类绿色建筑专业人员的职业责任风险为标的。2006 年，美国的消防员基金保险公司（Fireman's Fund）开始提供名为绿色卫士的绿色建筑保险，为美国商用建筑提供绿色建筑风险保障，代表着市场上绿色建筑保险产品初次面世。

在国内，2019 年 4 月 2 日，人保财险以北京市朝阳区崔各庄奶东村企业升级改造项目为试点，引入绿色建筑保险，对项目的启动阶段、设计阶段、施工阶段、运行阶段的重要节点进行风险防控。若保险建筑最终未取得合同约定的绿色运行星级标准，保险公司将采取实物修复和货币补偿的方式，保障项目方的权益。此试点项目在绿色金融创新模式指导下，充分调动社会资源，积极培育市场力量。

案例六：碳保险

碳保险的定义需要与低碳保险区分开，碳保险可以被界定为与碳信用、碳配额交易直接相关的金融产品，以《联合国气候变化框架公约》和《京都议定书》为前提、以碳排放权为基础，或是保护在非京都规则中模拟京都规则而产生的碳金融活动的保险，主要承保碳融资风险和碳交付风险。

在国际，目前国际碳保险服务主要针对的是交付风险，对碳排放权交易过程中可能发生的价格波动、信用危机、交易危机进行风险规避和担保。一是碳信用价格保险、清洁发展机制支付风险保险、碳交付保险、减排交易的或有限额期货等。例如，2006 年，针对碳信用价格，瑞士再保险公司提供了一种专门管理其价格波动的保险。之后又与澳大利亚保险公司（Garant）合作，根据待购买的减排协议来开发碳交付保险产品。二是碳排放的信贷担保及其他可再生能源相关保险产品。2006 年，美国国际集团与美国达信保险经纪公司合作推出了针对碳排放信贷担保与其他新的可再生能源相关的保险产品等。三是碳损失保险。2009年9月，澳大利亚承保机构斯蒂伍斯·艾格纽（Steeves Agnew）于全球首次推出碳损失保险，为因森林大火、雷击、冰雹、飞机坠毁或暴风雨而导致森林无法实现已核证减排量所产生的风险提供保障，在条款事件被触发时根据投保者的要求为其提供等量且经核证的减排量。

在国内，2016年11月8日，湖北碳排放权交易中心、平安保险湖北分公司和华新水泥股份有限公司签署了"碳保险开发合作协议"和中国首单"碳保险服务协议"，旨在帮助企业进行风险管理，规避碳排放交易企业在转型升级过程中因加强生产设备的升级换代、应用新技术而产生的风险。2018年，中国建设银行广州花都分行联合广州人保财险、广州碳排放权交易所推出了国内首笔针对碳排放权抵押贷款的保证保险，由控排企业将自身拥有的碳排放权作为抵押物实现融资。截至2020年3月底，广碳所碳配额抵押融资业务累计开展8笔，抵押配额共计409.64万吨，融资金额4335.62万元；CCER抵押融资累计开展3笔，抵押CCER280万吨，融资金额2000万元。

案例七：保险机构业务发展

以上市险企新秀阳光保险集团（简称阳光保险）为例，其多年来致力于企业价值与环境保护共生共赢，积极推行绿色的企业管理理念，传播绿色发展理念。如阳光保险积极响应国家战略，发展绿色保险，其研发的绿色保险产品共涉及包括环境污染责任保险、船舶污染责任保险、自然灾害公众责任保险、首台（套）重大技术装备综合保险、重点新材料首批次应用保险等。截至目前，旗下阳光财险累计承保光伏电厂项目5386个，累计提供风险保障1095亿元，累计承保风电项目2613个，累计提供风险保障2497亿元。此外，阳光保险持续加大保险资金对可持续投资项目的支持，广泛布局于基础设施建设、绿色双碳、高端制造、生命健康、科技创新等领域投资。

企业的日常运营与经营活动同样可为绿色转型做出贡献。如阳光保险持续推进绿色低碳办公模式，践行绿色环保的理念，大力推行办公在线化，实施全在线化智能化运营模式变革，在办公场所增加环保与节能设计。2021年10月，阳光保险在集团内部发布了《低碳绿色办公指导意见》，提出了 12 项节能减排措施，致力于提高资源利用率。例如，鼓励在线会议，推广无纸化办公，减少水电消耗，推行垃圾分类以减少工作垃圾，并鼓励低碳环保的出行。

通过上述案例分析，能源电力企业开展保险业务有如下趋势：

（1）结合各行业需求创新险种。企业产业结构进行绿色优化调整的背景下，创造出绿色保险市场的潜在需求。为更好地契合各个行业的企业的需求，推出适应各行业的创新型绿色保险。例如，人保财险创新性牵头设立巨灾保险，根据广州市近十年气象灾害及经济损失情况，广州巨灾指数保险选择台风、强降水两项灾害因子，开展广州市巨灾指数保险试点。

（2）增加保险保障范围。例如，中国太平洋保险财产保险承保水电、光伏、风电、核电项目，其对清洁能源产业的保障不仅覆盖了电力建设方面，还覆盖了运营支持方面。在建设方面，提供了雇主责任保险、工程保险；在运营支持方面，承保国内 19 台在运核电机组运营险，累计保额达 120 亿美元。

二、环境风险管理产品案例

案例一：工商银行压力测试

中国工商银行（简称工商银行）自 2015 年起对火电、水泥、钢铁、电解铝等行业开展环境风险压力测试，压力测试基本流程如图 7-6 所示。

图 7-6 工商银行环境压力测试基本流程

承压对象方面，工商银行主营业务仍以存贷类客户为主，因此将压力测试对象定位存贷类客户对信贷指标和相关经营指标的影响。常用承压指标主要分为技术型指标与管理型指标，其中技术型指标包括违约概率、损失给定违约（loss given default，LGD）、久期、缺口、EL、贷款损失等，管理型指标包括资本充足率、经济资本、不良贷款率、资本充足率、行业盈利能力等。

以对火电行业的压力测试为例，工商银行首先对火电行业的环境因素压力传导进行梳理，而后构建的压力场景由一系列已经制定或即将出台的政策、标准组成，按照全国执行环境保护部标准（2014年）、全国执行国务院标准（2015年）、全国执行国务院对东部地区特别限值标准（2020年），将火电企业节能减排分为轻、中、重三种情况分别设置了压力情景。并在此基础上，再考虑排污费分别提高2倍、3倍、4倍对企业成本的影响。具体如图7-7所示。

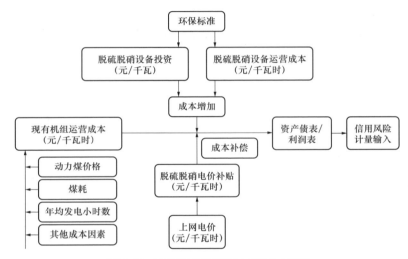

图7-7　火电行业环境压力测试示意图

由于在这次压力测试中缺少国内环保标准提高对信贷质量影响的历史数据，因此工商银行采用"自下而上"的方法，来分析环保政策变化对企业财务状况的影响，并且根据财务报表之间的勾稽关系推算出不同压力情景下的新财务报表，通过已有的客户评级模型得到不同压力情景下企业信用等级及违约概率的变化，最终通过违约率与不良率之间的关系得到行业贷款质量的变化。环保标准变化对行业贷款质量变化的影响如图7-8所示。

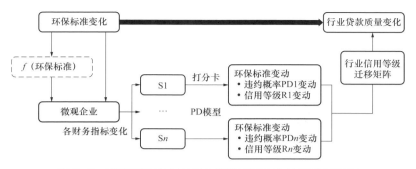

图 7-8　环保标准变化对行业贷款质量变化的影响示意图

此外，工商银行还与北京绿色交易所联合基于火电行业对碳交易对银行信用风险进行压力测试，通过分析全球及中国碳市场发展及运行情况，研究火电行业运行情况、客户特征、碳排放压力，确定压力情景、梳理传导路径、建立模型对火电客户承压情况进行测算，根据"碳交易压力测试模型"，工商银行设定了轻度、中度、重度三个压力情景，分别对应近期火电行业全面参与碳交易的预期价格水平（50 元 / 吨）、中期火电行业碳定价达到国际水平（160 元 / 吨）、远期火电行业强化减排情景下较具雄心的碳价水平（200 元 / 吨），以及不同机组对应的行业基准线、有偿配额比例、技术成本和减排效果进行测试。得出以下结论：在三种情景下，火电行业客户单位成本增加分别为 0.23 分 / 千瓦时、1.89 分 / 千瓦时和 6.7 分 / 千瓦时，随着度电成本的递增，企业营业成本也呈现递增趋势，在轻度、中度、重度压力情景下营业成本与营业收入的比值分别为 86.1%、91.5% 和 108.2%，尤其是重度情景下，火电行业平均成本已经大于收入。此外，三个情景下新增净利润为负的企业数也是递增的。

案例二：商道融绿 ESG 评级

商道融绿 ESG 评级主要评估公司 ESG 管理水平及 ESG 风险暴露大小，在参考国际通用 ESG 评估方法论的基础上，结合中国实际情况和市场因素，构建了更适合 A 股的 ESG 评价体系。

指标选择与权重分配方面，商道融绿 ESG 评级的指标体系由环境、社会、治理三大维度组成，下设 14 个二级议题、200 多项具体指标和 700 多个数据点。

当前，商道融绿 ESG 评级体系识别出现阶段影响中国公司运营的 14 项 ESG 议题如表 7-2 所示。

表 7-2　　　　　　　　　　商道融绿 ESG 评级体系关键议题

维度	议题
环境（E）	环境政策、能源与资源消耗、污染物排放、应对气候变化、生物多样性 5 项议题
社会（S）	员工发展、供应链管理、客户权益、产品管理、数据安全、社区 6 项议题
治理（G）	治理结构、商业道德、合规管理 3 项议题

商道融绿对具体公司进行评级时，指标选择会呈现行业特征，具体指标中除了管理和风险的分类维度外，还有通用指标和行业指标两种。评级过程中，将根据一级行业特性对维度层面设置不同权重，并根据不同子行业在不同议题上的实质性的不同又用熵权法设置了针对子行业的指标与权重体系，使得最终结果在不同行业之间具备可比性。

采集数据的渠道主要包括企业公开披露数据、监管数据、媒体数据、宏观数据、地理数据、卫星数据、能源数据、灾害数据等。公司的正面 ESG 信息主要来自公司自主披露，如上市公司年报、ESG 可持续发展报告、社会责任报告、环境报告、公司公告、企业官网等；而公司的负面 ESG 信息主要来自公司自主披露、媒体数据、监管部门公告、社会组织调查等。

赋分方面，商道融绿 ESG 评级针对管理指标和风险指标有不同的赋分流程。针对管理指标，选择指标对应的评估标准或指南作为评估标准，参考了法律法规、行业标准及最佳实践等多类权威文件或指南，对照评估标准对公司的具体实践进行评价打分，越贴近评估标准的实践，越能获得较高分数。针对风险指标，通过设置 ESG 风险评估矩阵从不同维度评估企业面临的风险大小，最终得到企业在该指标上面临的风险等级（五档），依据风险等级情况再给该指标进行赋分。

指标赋分范围为 0～100 分，一般分为五档，最后指标得分等于指标赋分乘以相应权重。

算法 1：基于商道融绿赋予的不同行业在环境（E）、社会（S）、治理（G）三个不同维度的权重分配，利用三个维度的总评分与相应权重计算而得见式（7-1）。

$$ESG \text{ 总评分} = \Sigma（\text{各维度总分} \times \text{相应权重}\%） \quad (7-1)$$

算法 2：对于所有企业，主动管理指标与风险暴露指标的权重是固定的。因此，基于主动管理指标和风险暴露指标的分类，分别计算不同议题下的管理分数和风险暴露分数，加总得到三个维度下管理类议题和风险暴露议题分数，进而加总得到公司的主动管理总分数和风险暴露总分数，两者加和得到最终 ESG 总评分见式（7-2）。

$$ESG \text{ 总评分} = ESG \text{ 主动管理总得分} + ESG \text{ 风险暴露总得分}$$
$$= \Sigma \text{ 各维度主动管理总分} + \Sigma \text{ 各维度风险暴露总分} \quad (7-2)$$

最后，按照 ESG 总评分，将企业划分为 A+、A、A-、B+、B、B-、C+、C、C-、D 十个评分级别，以及 A+&A，A-&B+，B&B-&C+，C&C-，D 五类评级结果。具体如表 7-3 所示。

表 7-3 　　　　　　　　　商道融绿 ESG 评级结果标准

评级	要求
A+ A	企业具有优秀的 ESG 综合管理水平，过去三年几乎没有出现 ESG 负面事件或极个别轻微负面事件，表现稳健
A- B+	企业 ESG 综合管理较好，过去三年出现过少数影响轻微的 ESG 负面事件，整体 ESG 风险较低
B B- C+	企业 ESG 综合管理水平一般，过去三年出现过一些影响中等或少数较严重的负面事件，但尚未构成系统性风险
C C-	企业 ESG 综合管理水平较弱，过去三年出现较多或较严重的 ESG 负面事件，ESG 风险较高

续表

评级	要求
D	企业近期出现了重大的 ESG 负面事件，对企业有重大的负面影响，已暴露出很高的 ESG 风险

资料来源：商道融绿。

三、信息披露产品典型案例

案例一：国家电网公司首次采取"GRI 实质性披露"方式进行专项对标

2022 年 7 月 21 日，国家电网公司发布《国家电网有限公司 2021 社会责任报告》，向相关方和社会各界披露公司全面履行政治、经济、社会"三大责任"的意愿、行为、绩效和承诺以"履责意愿、履责行为、履责绩效、履责承诺"为框架，围绕 24 个实质性议题，全面、真实、客观地披露了公司推动可持续发展的实践。这是国家电网公司第 17 本社会责任报告，保持了我国央企最早最长发布纪录。2021 社会责任报告按照国际上使用最广泛的《可持续发展报告标准》（GRI *Standards*）核心方案编制而成，在国内首次采取"GRI 实质性披露"方式进行专项对标和回应，大大提升了报告的专业性、国际性，国家电网公司也成为中央企业首家连续四年获得 GRI 实质性披露认证的企业。

GRI 发布的可持续发展报告的首个全球标准，现已成为全世界应用最广的可持续发展报告框架指引，联合国可持续证券交易所 SSE 统计显示，全球各证券交易所中约 98% 的企业选择 GRI 标准作为可持续发展信息披露引用的主流标准。现行的 GRI 通用标准为 2016 年版本，由 GRI 101 基础、GRI 102 一般披露和 GRI 103 管理方法组成。GRI 新标准于 2023 年 1 月 1 日生效，相较旧版标准，新版标准将形成更完整的信息披露体系，包括 GRI 1 基础 2021、GRI 2 一般披露 2021、GRI 3 实质性议题 2021。新版 GRI 标准聚焦于"双重实质性"，即企业的生产经营活动对外部经济、社会与环境的影响，以及相关影响对企业财务、经营、发展所产生的影响，并对所有报告组织应披露的信息设定了更为明确的预期与要求。此外，新版 GRI 标准还引入了行业标准，各企业可以根据其所在行业进行选择，并根据经营相关的实质性议题清单使用专项议题标准进行披露。且新版议题标准不再按照经济、社会和环境主题进行分类，未来企业需要根据 2021 版通用标准和行业标准的要求识别实质性议题，选取与实质性议题相关的议题标准来进行披露。

案例二：南方电网公司积极开展工程项目和上市公司 ESG 评价

2022 年，南方电网公司创新构建了电网工程 ESG 评价模型，打造工程建设项目统一的评价体系，以 ESG 评价体系建设为重要抓手，在基建领域导入全面质量管理理念，升级基建管理体系框架，推动 ESG 指标体系与现行基建管理要素"指标融合"；推动 ESG 评价应用与当前基建综合检查、达标投产、优质工程评选等传统评价机制"方法融合"；推动 ESG 治理绩效与基建领域高质量发展"目标融合"。通过"指标、方法、目标"三融合，体系化助力基建管理体系迈向新发展阶段，助力公司加快建设世界一流企业。

2023 年初，由南方电网公司开展 ESG 评价的 220 千伏岩乐输变电工程顺利投产，该工程也是全国首个开展电网工程 ESG 评价的试点工程。在对 220 千伏岩乐输变电工程开展 ESG 评价的过程中，南方电网公司融合现行检查评价标准，并新增若干指标，关注产业工人权益及保障、项目周边关系等关键议题，通过开展问卷调查、访谈及舆情监测，融合智慧工程系统数据分析，科学客观形成"1+3"综合评价报告（总体评价 + 质量安全、绿色低碳建设、产业队伍建设三个专项评价）。

2023 年 3 月，南方电网储能股份有限公司简称（南网储能）发布重大资产重组上市后发布的首份 ESG 报告，详细阐述了 2022 年度该公司环境、社会及治理工作的管理理念、亮点实践及年度成效。报告以"南网储能 双碳先锋"为主题，内容包括重大变化说明、董事长致辞、公司概况、企业文化、2022 年大事记、ESG 管理、关键绩效等部分。其中，ESG 管理从绿色发展、科技创新、经营管理、贡献社会和履行责任 5 个角度，详细呈现了南网储能完善 ESG 治理、服务国家战略、节约能源及资源、应对气候变化、员工健康与安全、产品质量管理、产品技术创新、可持续供应链等方面释放的良好社会效益，为市场 ESG 投资提供了具有参考价值的决策信息。

案例三：《企业 ESG 披露指南》团体标准发布

2022 年 6 月，中国企业改革与发展研究会批准发布《企业 ESG 披露指南》（T/CERDS 2—2022）团体标准，该标准由中国企业改革与发展研究会与首都经济贸易大学等多家机构共同起草，于 2022 年 6 月 1 日起正式实施，是内地首部企业 ESG 信息披露指引，将推动中国特色 ESG 生态系统建设与完善。

2004 年，ESG 理念首次被联合国提出，此后关于环境、社会、治理方面的企业评价标准相继出现，如今较为常用的 ESG 信息披露标准主要有 GRI 标准、可持续发展会计准则委员会（SASB）标准、ISO 26000 标准、碳排放信息披露项目（CDP）标准等，均由国际上的标准制定机构提出，但并未有一种标准被官方认证。作为责任投资的基础，ESG 信息的可比性、规范性非常重要，它决定了 ESG 报告是否能为投资者提供有效的决策信息。自 2003 年起，我国监管机构与交易所分步推动上市公司的环境信息披露工作进行，但一直没有建立符合中国特色的 ESG 披露体系，使得上市公司环境信息披露存在标准不统一，定量数据较少的情况。

《企业 ESG 披露指南》（T/CERDS 2—2022）的发布为我国上市公司提供了 ESG 披露统一标准，包括披露原则、披露指标体系、披露要求与应用、责任与监督，并且适用于全行业、不同类型、不同规模企业的 ESG 披露。该指南将环境定义为企业运行活动的外部存在，包括空气、水、土地、自然资源、植物、动物、人，以及它们之间的相互关系；将社会定义为企业通过透明和合乎道德的行为，为其决策和活动对社会的影响而承担的责任，这些行为应当致力于可持续发展，包括社会成员的健康和社会的福祉、考虑相关方的期望、促进企业价值网各环节的协调发展且被融入整个企业并在企业关系中实施；治理则是在企业的经营中实行的管理和控制系统，包括批准战略方向、监视和评价高层领导绩效、财务审计、风险管理、信息披露等活动。而后基于环境、社会、治理这三个主题维度，设置 3 个一级指标，10 个二级指标（E：资源消耗、污染防治、气候变化；

S：员工权益、产品责任、供应链管理、社会响应；G：治理结构、治理机制、治理效能），35 个三级指标和 118 个四级指标，给出了具体指标要求，并对指标性质进行明确，未来企业在 ESG 报告编制过程中，可选择根据全部或部分指标进行披露。这一团体标准的发布，对我国 ESG 发展有着重要意义，是推动资本市场由"利益化"向"可持续发展化"转变的重要举措，它基于国际视野，立足于中国当前 ESG 发展状况，以可持续发展理论、委托代理理论、相关方理论等为指导，结合政策导向及实践焦点，完成了企业 ESG 披露标准"1+N"体系的构建，为我国经济社会全面绿色转型升级和高质量发展做出了积极贡献。

创新篇

能源电力行业绿色金融趋势与展望

当前，我国已经建立起多层次的绿色金融体系，涵盖绿色信贷、绿色债券、绿色股票、绿色基金、绿色保险及碳排放权交易市场等产品。随着"双碳"目标的深入推进、绿色金融行业的快速发展及信息化技术的日益普及，绿色金融行业发展呈现出一些新的趋势。本书第三部分重点对绿色金融行业的发展趋势进行展望，并在此基础上，为能源电力企业全方位系统化应用和发展绿色金融业务提供体系化的建议，为能源电力行业搭建绿色金融发展体系，并对企业和行业的发展提出针对性建议。

第八章 绿色金融发展新趋向

随着"双碳"目标在我国持续深入实践以及数字化技术的持续推广应用，绿色金融行业发展在政策、实践和技术层面出现了一些新趋向。本章将结合行业发展最新形势，阐述绿色金融行业在政策、实践和技术层面呈现出的三大趋势。

第一节 政策层面

在政策层面，转型金融与绿色金融成金融支持"双碳"目标的"双支柱"，做好绿色金融与转型金融的有效衔接是未来金融支持绿色低碳转型发展的政策重点之一，G20 转型金融框架为我国转型金融政策体系构建提供指引。

一、绿色金融与转型金融的相关政策正在逐渐衔接

做好绿色金融与转型金融的有效衔接是未来金融支持绿色低碳转型发展的政策重点之一。2022 年初，中国人民银行召开 2022 年研究工作电视会议时指出，要以支持绿色低碳发展为主线，继续深化转型金融研究，实现绿色金融与转型金融的有序、有效衔接，形成具有可操作性的政策举措。2022 年 11 月，中国人民银行副行长宣昌能在第五届虹桥国际经济论坛上的推进转型金融促进绿色低碳发展分论坛上表示："未来，中国人民银行将进一步做好绿色金融与转型金融的有效衔接，将绿色金融的成功做法和经验推广应用到支持转型经济活动的领域。"

G20 发布转型金融框架，对我国转型金融政策体系构建，具有重要参考意义。2022 年 11 月 16 日，G20 领导人峰会批准并正式发布了 G20 可持续金融工作组（SFWG）提交的《2022 年 G20 可持续金融报告》，其中包括《G20 转型金融框架》，主要围绕五大支柱提出了 22 条具体原则，是一套关于转型金融的高级别原则，将有助于国际各方构建自身转型金融政策。《G20 转型金融框架》由中

国人民银行共同牵头制定，因此预计我国转型金融政策体系将参考该框架制定。

G20 转型金融框架五大支柱与中国人民银行确定的绿色金融政策五大支柱具有高度一致性，有助于将绿色金融政策经验推广至转型金融领域，但在具体原则中也体现了转型金融区别于绿色金融的特点，为绿色金融与转型金融的有序、有效衔接提供了指引。

支柱一——界定标准方面。无论是绿色金融还是转型金融的发展，明确标准都是前提和基础。当前，我国已经建立了相对完善的绿色金融标准体系，主要以《绿色产业指导目录》为基础，其中绿色信贷主要按照是否用于绿色用途，绿色债券主要对应绿色项目。转型金融标准与绿色金融标准将有一个明显的不同，即转型活动可以是具体的项目，也可以是更为广泛的企业经济活动、制定了低碳转型计划的实体。因此，转型金融标准主要包括两个层面的内容：一是转型金融的原则界定；二是转型金融的分类目录和技术要求。前者为整个转型金融的实施和转型金融分类目录和技术要求的制定提供指导和依据，后者则用于指导具体的实施。目前，全球统一的转型金融标准尚未形成，但 G20 可持续金融工作组已对转型金融标准有了一些初步性的原则。

支柱二——信息披露方面。绿色金融信息披露制度的完善是防止"洗绿"风险的重要手段，而对于转型金融来说，信息披露要求则更为重要，尤其是当转型金融支持的是更为广泛的企业经济活动时，需要确保企业与《巴黎协定》控制温升目标的要求相一致。G20 转型金融框架在信息披露方面提出了 6 条原则：一是披露最新转型计划，包括可信、可比的中、长期目标和实施时间表；二是定期披露进展情况；三是披露气候相关数据，包括范围 1 和范围 2 排放数据，以及可能的范围 3 排放数据；四是披露确保转型计划可以得到实施的公司治理安排；五是披露用于衡量转型进展和成效的方法；六是披露从转型融资工具筹集的资金的使用情况。

支柱三——转型金融工具方面。对应着中国人民银行确立的绿色金融政策五大支柱的支柱四。为了给经济社会的绿色转型发展提供资金支持，创新开发各类金融工具至关重要。近几年来，我国绿色金融市场，尤其是绿色信贷与绿色债券市场快速发展，已初具规模。由于绿色金融专注于支持纯绿或接近纯绿领域，因此绿色金融工具的一大重点是对募集资金使用领域的监控。而转型金融支持范围更加广泛，侧重低碳转型成效，这给转型金融工具带来了更大的创新空间，如近期出现了一系列与转型目标挂钩的创新转型金融工具。G20 转型金融框架也为转型金融工具的开发提出了 3 条原则性建议：一是融资方应提交一份详细、科学的与《巴黎协定》目标一致的转型计划；二是融资方应遵循前述信息披露相关要求；三是转型金融工具可以纳入激励 / 惩罚措施，以鼓励减排目标或其他可持续相关绩效目标的实现。

支柱四——支持转型的激励措施方面。对应着中国人民银行确立的绿色金融政策五大支柱的支柱三。在绿色金融发展过程中，我国出台了一系列激励约束政策，以解决其外部性问题。而在低碳转型发展已成为全球共识的当下，高碳企业被普遍认为具有更高的风险，因此较难获得长期的转型资金支持，也由此需要制定相应的政策措施来激励市场为它们提供转型资金。《G20 转型金融框架》提供了一系列可供参考的激励政策。

支柱五——公正转型方面。这是《G20 转型金融框架》区别于中国人民银行确立的绿色金融政策框架的一个支柱。《G20 转型金融框架》提出，尽管当前各方已认识到转型的紧迫性，但转型仍需要把握好节奏有序推进，过于激进的转型可能会对不同的家庭、工人、社区、企业、行业、区域等产生较大的负面影响，尤其是在欠发达地区。因此，转型金融政策的制定需要评估和减少对社会和经济带来的负面影响。对此，《G20 转型金融框架》也提出了三个原则性建议：一是鼓励融资人评估和减轻他们的转型计划或其他战略的潜在影响；二是开发公正转型的示范案例；三是加强各相关方之间的对话与合作，制定全面的战略来减轻转型对经济和社会带来的负面影响。

二、多种激励工具正陆续出台，推动绿色金融和转型金融融合发展

（一）绿色金融：碳减排支持工具

2021 年，政府工作报告明确提出，"实施金融支持绿色低碳发展专项政策，

设立碳减排支持工具"。2021 年 11 月，中国人民银行正式推出碳减排支持工具，这一结构性货币政策工具重点支持三大领域发展，即清洁能源、节能环保、碳减排技术。该支持工具主要对具有明显碳减排效果的项目进行支持。

在发放对象与机制方面，碳减排支持工具发放对象暂定为全国性金融机构，并在 2022 年 9 月纳入了德意志银行（中国）、法国兴业银行（中国）两家外资金融机构，其中中国人民银行通过"先贷后借"的直达机制提供资金支持。金融机构向碳减排重点领域内相关企业发放碳减排贷款后，可向中国人民银行申请资金支持，中国人民银行按贷款本金的 60% 提供资金支持，利率为 1.75%，期限 1 年，可展期 2 次。金融机构面向各类企业发放的碳减排贷款利率应与同期限档次贷款市场报价利率（loan prime rate，LPR）大致持平。

目前，该支持工具的规模并未明确，只是提出按照碳减排贷款本金 60% 提供资金，即设定了 0.6 的杠杆率，且不设上限，由此可见，碳减排支持工具将是支持我国长期"双碳"目标的一个长期性工具。截至 2022 年三季度，中国人民银行通过碳减排支持工具已累计发放资金 2469 亿元。

（二）转型金融：支持煤炭清洁高效利用专项再贷款

"双碳"工作不可能毕其功于一役，正如习近平总书记在 2021 年 12 月的中央经济工作会上提出的，传统能源逐步退出要建立在新能源安全可靠的替代基础上，要立足以煤为主的基本国情，抓好煤炭清洁高效利用，增加新能源消纳能力，推动煤炭和新能源优化组合。因此，当前煤炭清洁高效利用也是推动"双碳"目标实现的重要方面。

2021 年 11 月召开的国务院常务会议指出，我国能源资源禀赋以煤为主，要从国情实际出发，着力提升煤炭清洁高效利用水平，加快推广成熟技术商业化运用。会议决定，在前期设立碳减排金融支持工具基础上，再设立 2000 亿元支持煤炭清洁高效利用专项再贷款，形成政策规模，推动绿色低碳发展。根据该会议决定，中国人民银行联合国家发展改革委和国家能源局创设了支持煤炭清洁高效利用专项再贷款，专项支持煤炭安全高效绿色智能开采、煤炭清洁高效加工、煤电清洁高效利用、工业清洁燃烧和清洁供热、民用清洁采暖、煤炭资源综合利用、煤层气开发利用等领域。对于符合要求的贷款，按贷款本金的 100% 予以低成本资金支持，利率 1.75%，目前实施期为 2021 年到 2022 年末，按月操作，属于阶段性工具。发放对象主要为国家开发银行、进出口银行、中国工商银行、中国农业银行、中国银行、中国建设银行、交通银行等 7 家全国性金融机构。

2022 年 5 月，中国人民银行新增 1000 亿元支持煤炭清洁高效利用专项再贷款额度，专门用于支持同煤炭开发使用和增强煤炭储备能力相关的领域。截至 2022 年三季度，通过该项工具已累计发放资金 578 亿元。

第二节　实践层面

在实践层面，绿色金融与普惠金融的融合程度进一步加深，绿色金融与普惠金融发展理念存在一定的内在联系，推动绿色金融和普惠金融融合发展或能为二者的发展带来新的动力和创新空间。近年来，从政策导向到实践探索，我国绿色金融与普惠金融的融合发展趋势已初步显现。

一、绿色金融与普惠金融理念一致

绿色金融是指为支持环境改善、应对气候变化和资源节约高效利用的经济活动，即对环保、节能、清洁能源、绿色交通、绿色建筑等领域的项目投融资、项目运营、风险管理等所提供的金融服务。

普惠金融是指通过加大政策引导扶持、加强金融体系建设、健全金融基础设施，以可负担的成本为有金融服务需求的社会各阶层和群体提供适当的、有效的金融服务。

绿色金融的特征在于专门的服务领域，即侧重于推动节能环保、生态治理和应对气候变化，推动绿色生产和生活；而普惠金融的特征在于专门的服务对象，即侧重于为农民、小微企业、城镇低收入人群和残疾人、老年人等其他特殊群体提供金融服务。从定义上看，绿色金融与普惠金融的侧重点和推进路径有所不同，但在发展理念与目标、服务内容和模式、面临的主要障碍等方面，二者之间存在交集，具有协同发展的良好基础。

首先，绿色金融与普惠金融的发展理念有着内在的一致性。普惠金融和绿色金融均是金融体系践行可持续发展理念的具体实践，普惠金融的核心发展理念在于实现"人群间的机会公平"，绿色金融的发展理念则是从生态环境、资源利用的角度推动经济和社会的可持续发展，其本质是实现"代际间的公平"。事实上，从联合国可持续发展目标来看，社会公平与发展、环境保护与治理、资源节约与合理利用均是可持续发展的重要内容，因此绿色金融与普惠金融均是金融支持可持续发展的具体实践。

其次，绿色金融与普惠金融在服务对象上也有一定的重合性。普惠金融服务对象主要集中在"三农"、小微企业、个人等，而当前我国需要推动生产生活方式的全面绿色转型，因此绿色乡村、绿色农业、小微企业的绿色低碳转型、绿色消费等均是绿色发展的重要内容，也将是绿色金融的支持领域。

最后，绿色金融与普惠金融面临着共同的挑战与障碍。不论是社会公平的提升还是生态环境的改善，都能带来显著的社会效应，因此普惠金融与绿色金融都存在外部性，如果没有政策的有效引导，将会面临供给不足的问题。具体而言，绿色金融与普惠金融所覆盖的范围大量涉及"三农"、小微企业及个人等，传统金融服务涉足较少，是较为薄弱的领域。相关主体缺乏可用于担保增信的资产、基础信息薄弱等原因，导致风险识别、管控难度较大。此外，由于绿色金融和普惠金融所涉项目分散、单个项目规模小，导致业务营销和管理成本较高。这些都是限制绿色金融和普惠金融规模化、持续性发展的重要因素。

二、绿色金融需向普惠领域延伸

目前，我国的绿色金融不够"普惠"。过去，我国绿色金融的发展仍然主要集中于大中型的基础设施类建设，包括绿色建筑、绿色交通、绿色能源等领域，涉及农业及消费领域的较少，同时这些绿色项目的主体一般是大中型企业，小微企业参与有限。在农业方面，根据银保监会公布的数据，2017 年 6 月末，全国 21 家主要银行绿色信贷余额 8.3 万亿元，其中，涉及"三农"领域贷款余额占比仅为 2.5%。在小微方面，根据中国人民银行研究局发布的报告，2020 年末我国个人经营性绿色贷款余额占比仅为 0.4%；尽管我们没有大型企业和小微企业绿色信贷余额数据，但从贷款银行的角度，中小银行是为小微企业提供融资服务的重要力量，而 2020 年末小型银行绿色贷款余额占比仅为 8.45%。

然而，我国"双碳"目标的实现和绿色发展离不开农业、中小微企业的绿色低碳发展。农业和林业是我国重要的碳汇来源，而小微企业是温室气体排放的重要来源，对实现"双碳"目标至关重要。在农业与林业方面，根据联合国环境规划署发布的《2022 年排放差距报告》，2020 年，G20 17 个成员国（包括中国）的土地利用、土地利用变化和林业部门活动是净碳汇。中小微企业方面，日本贸易振兴机构亚洲经济研究所（IDE-JETRO）联合中国科学院、挪威国际气候与环境研究中心、名古屋大学、清华大学等学者于 2018 年发表的一项研究显示，2010 年中国二氧化碳排放总量的 53% 来自中小微企业。从价值链角度看，对中小微企业产品的最终需求所诱发的排放已高达全国排放总量的 65%。

另外，农业农村污染治理仍然是生态环境保护的突出短板。2021 年 11 月，中共中央、国务院发布《关于深入打好污染防治攻坚战的意见》，要求持续打好农业农村污染治理攻坚战，中华人民共和国生态环境部（简称生态环境部）在对该意见进行解读时指出，"农业农村污染治理仍然是生态环境保护的突出短板"。2021 年 12 月，生态环境部等七部门联合发布的《"十四五"土壤、地下水和农村生态环境保护规划》指出，"农业农村生态环境保护任务艰巨。约三分之二的行政村未达到环境整治要求，已整治地区成效还不稳定"。

此外，在"双碳"目标下，普惠金融服务领域是适应气候变化和实现公正转型需要重点关注的对象。首先，普惠金融所关注的相对弱势的群体往往也是更易受到生态环境污染、气候变化等带来负面影响的群体。有越来越多的研究显示，低收入地区普遍面临着更大的气候风险，较为贫困地区的气候通常更接近物理阈值区域，它们更依赖户外工作、农业和自然资本，而且应对气候风险和灾害的能力也更差。因此，在适应气候变化领域需要更加关注普惠金融所覆盖的群体。其次，在推进低碳转型的过程中，生产生活方式的全面转变将对普惠金融群体产生更大的负面影响。转型意味着对旧的生产方式进行全面调整，而过去的高碳行业企业将面临较大的转型压力甚至被淘汰，其中，中小微企业则面临着更大的压力，同时这些高碳行业中也会有大批就业群体面临失业的风险。因此，正如上一节所述，转型金融需要特别关注公正转型的问题，而普惠金融所关注的群体也是实现公正转型的重点对象。

三、绿色金融与普惠金融的融合发展趋势初显

鉴于绿色金融和普惠金融之间密不可分的联系，推动绿色金融和普惠金融融合发展或能为二者的发展带来新的动力和创新空间。近年来，从政策导向到实践探索，我国绿色金融与普惠金融融合发展的趋势已初步显现。

（一）政策引导

政策导向方面，2022 年以来，央行多次发声支持推动绿色金融与普惠金融的融合发展。2022 年 1 月，时任中国人民银行副行长的刘桂平在《中国金融》一文中指出："绿色金融和普惠金融具有内在联系。小微企业、农户等普惠金融重点群体较多分布在环境脆弱地区，易受气候与环境变化影响，而这些规模庞大的群体也是应对气候与环境变化的重要力量。我们必须在新发展理念引领下，对二者一体谋划、一体推进，达到事半功倍的效果。"2019 年 2 月，中国人民银行、银保监会、证监会、中华人民共和国财政部、中华人民共和国农业农村部五部门联合发布《关于金融服务乡村振兴的指导意见》（银发〔2019〕11 号），提出"完善'三农'绿色金融产品和服务体系"，以更好地满足乡村振兴多样化融资需求。

（二）实践探索

（1）中小银行与开发性金融机构合作推进绿色普惠金融。如 2022 年 11 月，亚洲开发银行与湖州银行签订了金额最高至 5000 万美元的贷款协议，通过本项目，亚洲开发银行支持湖州银行提升中小微企业绿色融资能力。亚洲开发银行绿色融资的期限较长，将改善中小微企业的融资渠道，且为其业务脱碳助一臂之力，而湖州银行为中小微企业客户提供一系列广泛的绿色金融产品和服务。2022

年，国家开发银行向南京银行发放绿色金融转贷款 1 亿元，完成全国首笔政策性银行绿色金融转贷款业务，该笔转贷款资金将专项用于支持清洁能源、节能环保、绿色交通、清洁生产等诸多绿色环保领域的小微企业发展。

（2）探索科技助力绿色普惠。浙江省在探索绿色普惠金融方面，推动数字技术在农业、小微企业等主体的绿色认定方面的运用，如浙江台州搭建"微绿达"一体化普惠绿色金融服务平台，以人工智能方式实现对中小微企业流动贷款的绿色认定模式，形成了一套以流动资金贷款绿色识别，主体绿色评价，信息绿色共享为特色的服务小微企业绿色金融数字化模式。三个月内为台州金融机构认定流动资金贷款 1.3 万笔，认定流动资金绿色贷款 350 亿元。

（3）出台绿色小微企业的相关标准。在中国金融学会绿色金融专业委员会 2022 年年会上，浙江省金融学会正式发布了《小微企业绿色评价规范》（简称《标准》）团体标准，进一步明确了小微企业绿色评价的对象、原则、指标及程序。参加该标准起草的北京国家金融科技认证中心有限公司的专家认为：数字技术支持"绿色普惠金融"的潜力巨大，标准的发布将有效引导并服务于环境效益数据的采集、溯源、处理和分析，为金融机构在低碳资产识别、转型风险量化、ESG 信息披露等方面提供了高效的解决方案。

（4）基于碳账户开展碳普惠金融创新。部分地方政府主导创建碳普惠平台，包含低碳出行、节约用水、节约用电、可再生资源分类回收、参加碳普惠举办的低碳活动等场景，平台对用户低碳行为核算后给予碳积分，用户可以使用碳积分兑换相关优惠和服务，如兑换购物卡、乘坐公交、环保商品、景区门票等。如浙江衢州以银行账户系统为依托，创建"银行个人碳账户"系统平台，从绿色支付、绿色生活、绿色消费等维度测算个人绿色行为的碳减排量，形成"碳积分"，并将"碳积分"应用于个人信用评级、信用贷款、保险等金融场景，有效激励和引导个人绿色行为。

第三节 技术层面

随着金融科技的快速发展，大数据、云计算、区块链、人工智能等数字技术在绿色金融领域得到了广泛应用。这不仅有效地解决了绿色金融发展过程中出现的各种问题，而且从多个方面赋能绿色金融的发展。

一、金融科技能够缓解信息不对称的问题，降低绿色识别和风险管理成本

信息不对称问题的存在增加了金融机构的识别和风险管理成本。目前，我国的环境信息披露系统和披露制度还未建立，企业环境信息披露量不足、数据披露质量低、绿色信息共享平台缺乏等现实决定了我国绿色金融领域存在较为严重的信息不对称问题。由于信息不对称问题的存在，金融机构在对企业、项目进行绿色识别的过程中需要投入大量的人力、物力、财力来进行绿色信息的搜寻和认证，这大大增加了金融机构的绿色识别成本。而近年来，随着国家对绿色金融发展支持力度的加大，各地针对绿色项目制定一系列一次性奖补、专项资金、税收优惠等奖励政策，在促进绿色金融发展的同时也催生了部分企业伪造绿色标签或虚构绿色项目来骗取绿色信贷优惠的动机，这进一步加大了金融机构的绿色识别成本。而对于已经发放的绿色信贷资金或已经审批的绿色项目，金融机构需要投入大量的人力、物力来对其进行风险管理，以确保绿色信贷申请人能及时还款、绿色信贷资金不被挪用等，这在一定程度上增加了金融机构的风险管理成本。

大数据、区块链、大型科技平台等可以有效地缓解绿色金融领域的信息不对称问题，显著降低了金融机构的绿色识别成本和风险管理成本。首先，大数据技术可有效破除"数据孤岛"，使得对各类标准化及非标准化数据的实时抓取并将其汇集为信用或绿色行为信息成为现实，这为金融机构的绿色信贷决策提供了科学的数据支持，降低了金融机构的绿色识别成本。其次，区块链技术所具有的不可伪造、全程留痕及可追溯的特性可以实现对绿色资金流向的实时监管、风险信号的及时预警，在提高金融机构风险管理水平的同时也降低了风险管理成本。最后，基于大科技平台建立起来的大科技生态系统，里面包含了大量的数字足迹，

如企业的经营流水、营收趋势、交易网络等，这些信息可以有效反映出用户的行为特征、财务状况、社会网络等信息，这为金融机构的绿色识别及风险管理提供了大量的数据支持，可有效降低金融机构的识别和风险管理成本。近年来，湖州银行利用金融科技开发的绿色信贷管理系统，依托绿色信贷识别和环境风险管理两大模块，通过大数据抓取和智能识别，在有效降低绿色识别成本的同时也提高了环境风险管理的时效性。

二、金融科技能够实现绿色金融产品、服务的供给和创新，满足多层次、多样化的融资需求

基于绿色发展战略的需要及"碳中和、碳达峰"目标的提出，近年来我国对绿色投资的需求不断增加，而目前市场上的绿色金融产品无论是供给的总量还是产品的丰富度方面都无法满足市场需求。据《中国绿色金融发展研究报告》显示，2019 年我国新增绿色金融需求为 2.05 万亿元，而新增的绿色金融供给仅有 1.43 万亿元，仅 2019 年的新增绿色资金缺口就达到了 0.62 万亿元。中国要想顺利地实现碳中和目标，资金缺口在 100 万亿元左右。除总量供给不足外，我国的绿色金融市场还存在绿色金融产品种类单一、产品创新能力不足等问题。虽然我国已经形成了包括绿色贷款、绿色债券、绿色保险、绿色基金、绿色信托等在内的多层次绿色金融体系，但我国的绿色金融产品主要以绿色信贷、绿色债券为主，绿色基金、绿色信托、绿色保险、碳金融等产品的市场规模较小，新型绿色金融产品的创新性不足。

金融科技为满足多层次、多元化、多场景的融资需求提供了多种解决方案，有力地推动了绿色金融产品的供给和创新。首先，大数据、云计算等技术可以实现对海量信息的收集和处理，可以准确地发现企业和客户在不同场景、不同生命周期阶段的绿色金融需求，为绿色金融产品的供给和创新提供数据支持。其次，金融科技能够提升信息收集与传递效率，还可以提升计算速度，为金融产品的开发提供数据和算力支持。最后，基于大数据、云计算、人工智能等技术而构建的运算模型可以较为准确地预测出各个金融产品的收益率，这有利于激发个人用户

购买绿色金融产品的需求，从而有利于提高金融机构绿色金融产品的创新水平。例如，人保财险推出的公共巨灾保险就是金融科技在绿色金融领域应用的一个创新。人保财险通过大数据、现代测绘及地理信息技术，生成了巨灾保险洪水地图，通过对接居民内地坪标高信息数据库，使得远程核灾定损成为可能，从而在浙江省宁波市推出了公共巨灾水灾保险。

三、金融科技能够提升绿色金融服务水平和效率，推动绿色金融的高质量发展

与传统金融服务类似，目前我国的绿色金融领域也存在服务水平和服务效率低下的问题。金融机构在向客户提供绿色贷款之前，其中一个重要的工作就是对企业或者项目进行绿色认定，由于我国还未建立统一的绿色信息共享平台，企业的绿色信息披露制度也不够完善，这就使得金融机构在对企业或者项目进行绿色认定时需要耗费大量的时间进行数据收集和分析。而在绿色贷款的审批、发放过程中，由于审批程序烦琐、发放流程复杂等问题的存在使得绿色贷款从申请到发放也需要耗费大量的时间，绿色金融的服务效率亟须有效提升。此外，由于金融机构物理网点辐射范围、从业人员数量、服务成本的限制，部分地区或部分中小微企业目前还无法享受绿色金融服务，绿色金融服务的可触达性和普惠性仍处于较低的水平。

金融科技的运用可有效地提升绿色金融的服务水平和效率，推动绿色金融的高质量发展。首先，大数据、云计算、人工智能等技术的运用，可以将金融机构的业务系统与绿色信息系统的底层数据平台进行对接，构建出绿色项目融资方的社会关系网络并生成环境效益评估报告，大大缩短了金融机构对绿色企业或项目的识别、认证审查时间，这有效提升了金融机构的服务效率，也为客户带来了良好的体验。其次，区块链、大数据等技术的运用可以有效地改善在传统金融体系下程序化、分散化的金融服务流程，大大缩短了各个环节的审批时间，有效简化了绿色金融服务流程，进一步提升了绿色金融服务效率。最后，以人工智能、大数据、云计算为基础而形成的金融科技平台，依托其海量的客户资源和先进的数

字技术形成了较强的网络外部性，从而使得平台服务于单个新增客户的边际成本
不断下降。金融科技平台网络外部性的存在使得之前未被传统金融机构所覆盖的
长尾客户或部分中小微企业享受绿色金融服务成为可能。湖州市绿色金融综合服
务平台就是借助金融科技的力量来提升绿色金融服务水平和效率的典型案例。湖
州市绿色金融综合服务平台借助大数据、云服务等金融技术手段搭建的"绿信
通"服务系统，可以快速对小微企业和项目进行绿色认定和评价，而且50%以
上的绿色评价指标数据都可自动获得和评判，既有效地提升了服务效率，也扩展
了服务范围，使得小微企业享受金融服务成为可能。

四、金融科技能够创新金融监管工具，提升监管科技水平

信息技术的快速发展和金融监管的逐步趋严对金融监管工具的创新和监管科
技的发展提出了更高的要求。一方面，随着金融科技在绿色金融领域应用的不断
深入，如何统一监管规则，防止绿色项目杠杆率过高，避免资本空转和"洗绿"
问题，有效防范新型金融风险，亟须金融监管工具的创新。另一方面，随着金融
监管制度的增加，监管合规的高度复杂性及监管机构设定的严格时间限制，金融
机构为努力跟上千变万化的监管要求，面临着巨大的压力。为了减轻日益增加的
合规性负担，适应快速变化的监管制度，并为适应后续更加复杂的监管制度做好
准备，监管机构需要从金融科技行业寻求可替代的长期解决方案，这离不开科技
发展的支持。

金融科技为创新金融监管工具，提升绿色金融监管科技水平提供了必要的支
持。首先，基于大数据技术建立的跨区域、跨机构的绿色信息系统可以对不同
渠道、不同类型信息进行实时的收集和处理，从而为金融监管提供数据支持。随
着金融监管数据的增多，基于人工智能技术构建的监管预警模型会不断进行自我
学习和自我优化，风险监管预警的及时性、准确性也会不断提升。其次，基于卫
星遥感、区块链等技术，不仅可以实现对金融业务的全程监控，而且可以通过不
同领域、不同渠道所积累信息的交叉验证，实现穿透式监管。最后，依托人工智
能、大数据、区块链、机器学习、虚拟化等技术而创立的监管科技技术，可为监

管机构和金融机构提供各种解决方案和服务。对于监管机构而言，金融科技可有效利用统一数据，监察业界的迅速发展，从而有助于加强规管及监察能力；对于金融机构而言，监管科技将协助内部控制、风险数据问责、合规评估分析和有效监测，还可以针对不同监管机构的不同要求进行程序管理。例如，中国人民银行绿色金融信息管理系统将中国人民银行和各大金融机构相连接，依托大数据、人工智能、云计算等金融科技手段，打造了数据可追溯、可比较、可计量的绿色信贷业务信息管理平台，解决了目前绿色金融数据监管考核难的问题，有效提升了监管水平。

此外，金融科技还在助力标准化绿色金融基础设施建设、引导个人与绿色金融实践、推动实现碳中和等方面发挥重要作用。例如，蚂蚁森林通过分析消费者的日常行为来计算出相应的碳节约量，将这些碳转化为资本，存入个人的碳账户，旨在引导公众减少一次性餐具的使用、减少森林砍伐、鼓励绿色出行。蚂蚁森林自推出以来取得良好的社会反响并广泛应用，在绿色金融实践方面发挥了重要作用。

第九章 能源电力企业绿色金融体系构建

企业是绿色金融在微观层面的实践者。在绿色金融行业发展呈现出新趋势的背景下，能源电力企业应积极顺应新的发展趋势，面向能源产业链和金融业发展前沿，把握能源行业转型的历史机遇从供给端和需求端同时发力，不断提升以金融手段服务绿色项目的能力。本章将为能源电力企业应用或发展绿色金融业务提供体系化的思路，并介绍南方电网公司在绿色金融方面的实践经验。

第一节　绿色项目支持体系

发展绿色金融符合能源电力企业的行业特征。具体来讲，企业可借助自身在产业中的资源优势，为产业链上、下游绿色项目的发展提供品牌、资金、业务资源、行业数据知识和专业能力等持续动力，协助绿色项目构建核心竞争力。同时，企业通过充分研究自身、交易对手及客户在业务开展过程中产生的金融服务需求，定制相较其他金融机构更具针对性、专业性、综合化的绿色金融解决方案，以提升产业链金融服务效率，增强自身在产业链中的竞争力。绿色金融与产业发展的关系如图9-1所示。

由此，企业可形成围绕主业、以绿色投融资为手段、以多元业务为补充的发展格局。主业作为集团的业绩支撑，贡献大部分的资产、收入和利润、相对持续和稳定的现金流，并为广泛开展其他业务提供资源。多元业务是控股集团业绩的有效补充，分散核心主业的经营风险，探索新领域的产业布局。绿色投融资业务是集团收入和利润的来源之一，也是集团产业布局动态调整和优化的主要载体，承载集团传统业务转型升级、新业务培育的核心职能。

中国华能集团有限公司（简称中国华能）、上海电气集团股份有限公司（简称上海电气）等企业已开始探索绿色领域的产融结合路径。中国华能成功发行

2021 年度第一期专项用于碳中和绿色公司债券，投资于经认证具有碳减排效益的绿色产业项目建设、运营、收购及偿还碳中和项目贷款等。上海电气通过向集团新收购的某环保项目贷款，与上海电气投资有限公司紧密合作，以投贷联动布局长三角危废处理高端市场。通过该贷款项目，上海电气以长期稳定的低成本资金支持集团在危废处理领域的中长期项目建设，同时可充分发挥内部信息共享的优势，以资源互补的方式助力项目发展。

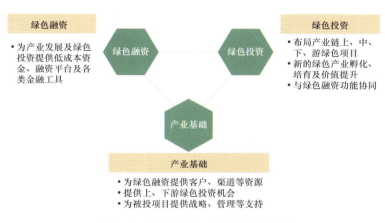

绿色融资
• 为产业发展及绿色投资提供低成本资金、融资平台及各类金融工具

绿色投资
• 布局产业链上、中、下、游绿色项目
• 新的绿色产业孵化、培育及价值提升
• 与绿色融资功能协同

产业基础
• 为绿色融资提供客户、渠道等资源
• 提供上、下游绿色投资机会
• 为被投项目提供战略、管理等支持

图 9-1　绿色金融与产业发展的关系

　　立足产融结合的绿色金融发展离不开完善的绿色项目支持体系。建立绿色项目支持体系首先要明确绿色项目的界定标准，在此基础上建立绿色项目储备库，并配套相应的组织架构及能力建设和信息披露机制。中国人民银行等七部委在《关于构建绿色金融体系的指导意见》中提出，"支持地方将环境效益显著的项目纳入绿色项目库，提升绿色金融业务能力，加大人才培养引进力度，强化对信息披露的要求。"《广东省广州市建设绿色金融改革创新试验区实施细则》也明确，"要在试验区建立绿色金融备选项目库，定期开展新能源、新材料、绿色矿山、绿色建筑、公共建筑节能改造、节能环保等绿色企业和项目的遴选、认定和推荐工作，并培育发展绿色金融组织体系。"

　　明确绿色项目标准并建立绿色项目储备库有助于挖掘高质量的绿色低碳项目，形成动态调整机制，实现绿色资金的精准投放。完善组织架构及能力建设体系能有效发挥集团内部单位的协同作用，推动绿色投融资项目落地，提升绿色金融服务质量。信息披露机制则是对绿色金融业务的有效监督，能促进业务更加规范化，更好地服务于产融结合的业务定位。

一、绿色项目界定标准

2019 年 3 月，国家发展改革委、中国人民银行等七部委联合制定我国首份《绿色产业指导目录（2019 年版）》，明确了绿色产业、绿色项目的界定与分类。

2021 年 4 月，中国人民银行、国家发展改革委和证监会联合发布了《绿色债券支持项目目录（2021 年版）》[简称《绿债目录（2021 版）》]，统一了国内绿债标准。《绿债目录（2021 年版）》将绿色项目分为节能环保产业、清洁生产产业、清洁能源产业、生态环境产业、基础设施绿色升级、绿色服务六大领域，下设 25 个二级目录、48 个三级目录、204 个四级目录。四级目录已具体到项目名称，并附带对该项目的说明或条件。该目录最后以尾注形式强调绿债项目"除应不低于《绿色产业指导目录（2019 年版）》对应项目所列举的标准外，同时应符合目录'说明 / 条件'中列示的政策、规范和标准等强制性或推荐性要求，还应符合本领域其他有关质量、安全、技术、环境等国家标准和行业标准"。

企业在发行绿色债券时需按照《绿债目录（2021 年版）》界定绿色项目。开展其他绿色金融业务时，可根据具体情况决定遵循《绿色产业指导目录（2019年版）》或《绿债目录（2021 年版）》对绿色项目的要求。例如，后期有可能转为绿色金融债的贷款项目建议根据《绿债目录（2021 年版）》筛选绿色项目，与地方政府合作的绿色产业基金或根据政府要求，按照《绿色产业指导目录（2019年版）》遴选绿色项目。

此外，中国人民银行和欧盟委员会相关部门共同牵头制定的《可持续金融共同分类目录报告——气候变化减缓》（*Common Ground Taxonomy: Climate Change Mitigation*，简称《共同分类目录》）于 2021 年 11 月发布。该目录包括了中欧绿色与可持续金融目录所共同认可的、对减缓气候变化有显著贡献的经济活动清单，目前版本覆盖了包括能源、制造、建筑、交通、固废和林业六大领域的 61

项主要经济活动，有助于引导跨境气候投融资活动、降低跨境交易的绿色认证成本。《共同分类目录》可作为企业开展境外绿色金融业务的主要参考标准。

二、绿色项目储备库

绿色项目储备库是对绿色项目进行遴选、认定，将符合标准的绿色项目信息汇总形成数据库，以动态管理项目的机制。绿色项目储备机制包括项目筛选、绿色审查及跟踪核查三个主要环节（见图9-2），即首先从集团内部及上、下游产业链中筛选重点行业及企业，再对涉及的具体项目进行绿色审查。跟踪核查是在项目入库后，持续监测项目情况，保证其始终符合绿色项目认定要求。绿色项目储备库通常会对入库项目设置两到三年有效期，有效期届满后如果继续纳入项目库需重新认定。

图 9-2　绿色项目管理流程

（一）项目梳理及筛选

绿色项目筛选以"双碳"目标为导向，参考《绿色产业指导目录（2019 年版）》和《绿债目录（2021 年版）》，结合电网业务和新兴业务的发展方向，筛选集团内部和产业链上、下游的项目。企业可重点关注表 9-1 所示的产业项目。

表 9-1　　　　　　　　绿色项目重点领域项目梳理

产业领域	具体产业项目
节能环保	新能源汽车制造
清洁能源	风力发电的装备制造、设施建设和运营
	太阳能发电 / 利用的装备制造、设施建设和运营
	生物质能源利用的装备制造、设施建设和运营
	高效储能设施建设和运营
	智能电网的产品、装备制造、建设和运营

产业领域	具体产业项目
基础设施绿色升级	绿色建筑
	绿色交通

（二）绿色审查

这一阶段是对具体项目的合规情况及（潜在）绿色效益进行审查，判断是否将项目纳入绿色项目储备库。企业可根据实际情况，通过公开渠道搜集或者要求企业提交项目相关信息。绿色审查的主要内容如表 9-2 所示。

表 9-2　　　　　　　　　绿色审查的考量因素示例

绿色审查的考量因素
1. 合规情况
1.1　是否按要求取得环境许可证等资质，并编制环境影响报告书
1.2　是否满足法律法规设定的各项污染物排放限值
2. 绿色效益评估
2.1　温室气体减排量（tCO_2e）
2.2　单位产值 / 产品 / 建筑面积的能耗减少量（兆瓦时）
2.3　可再生能源发电量（吉瓦时）
2.4　废水、废气及固体污染物等的减排量
2.5　保护或提高生物多样性
2.6　基础设施的绿色改进，如延长绿色基础设施的生命周期等

（三）跟踪核查

跟踪核查是在项目入库后持续监测其合规情况及绿色效益，对相关数据进行季度/年度核查及更新，实现项目的动态管理。必要时，可聘请第三方绿色评估机构对项目进行核查。如存在不合格情形，项目业主应在规定期限内完成整改。出现下列情形的项目将被移出绿色项目储备库：

（1）隐瞒有关情况或提供虚假资料和数据的。

（2）不符合国家和广东省相关标准和政策规定的。

（3）发生重大安全、环境、质量等事故的。

三、内部协同机制

绿色项目支持体系的落实需要集团内部资源的有效协同。绿色项目支持体系需要金融业务单位、管制业务单位及相关风险管理部门、IT部门等多部门专业支持及合作。因此，可以考虑在集团层面建立绿色金融小组，以统筹规划，促进协同发展。

实践层面，有效的内部协同机制，首先，需要统一的绿色金融相关发展规划、管理标准和规章制度，明确共同的发展目标和各部门在其中的职责。其次，要建立统一的信息系统，提高信息系统共享度和数据集成度。通过信息系统实现对绿色项目信息的统计与及时更新，以提升业务开展效率。相关研究资源也需要进行有效整合。一方面，要实现绿色金融研究和产业领域研究的协同。例如，光伏等新能源领域的研究成果可以为相关领域绿色项目的研究借鉴。另一方面，很多绿色金融产品是在原有金融业务基础上的创新，要充分运用前期金融业务积累的经验开展绿色金融实践。

此外，发展绿色金融业务，尤其是碳金融相关业务，需要相关的专业人才队伍进行支撑。企业应组成一支了解绿色金融、碳市场相关政策、熟悉绿色金融产品工具、掌握碳资产管理相关工具的专业队伍，为布局绿色金融业务奠定人才基础。

四、信息披露机制

信息披露是开展绿色金融业务的合规性要求，也是提升投融资透明度的有效手段。规范的信息披露制度首先要建立在《中华人民共和国公司法》《上市公司信息披露管理办法》等法律法规的基础上，遵循真实性、准确性、完整性、及时性和公平性等基本原则。此外，绿色金融领域的信息披露标准正在不断完善。2021 年 9 月发布的《金融机构环境信息披露指南》明确覆盖商业银行、资管机构、信托公司、保险公司四类机构，旨在规范金融机构环境信息披露工作，引导金融资源更加精准地向绿色、低碳领域配置，助力金融机构和相关方识别、量化、管理环境相关金融风险。粤港澳大湾区已有多家金融机构发布了年度环境信息披露报告。

公司在发展绿色金融的过程中，也要根据《金融机构环境信息披露指南》逐步完善信息披露。同时，针对不同类型的绿色金融产品，公司需要制定具体的信息披露制度，规定对董事会、投资人、其他相关方及公众进行信息披露的形式和频率。当项目出现突发重大负面事件时，应及时向各相关方汇报事件处理方案和处理进度。

第二节　风险防控体系

绿色金融业务是对企业金融业务板块的丰富和创新，相应的风险防控体系建设包括优化已有的金融风险管理体系、加强环境及社会风险管理两个部分。

一、优化金融风险管理体系

优化金融风险管理体系是完善包括市场风险、信用风险、流动性风险及操作风险在内的金融风险管理。企业可进一步优化金融风险管理体系。具体表现在风险预防、风险识别与预警、风险汇报和管理等方面。

（一）风险预防

完善风险管理组织架构是重中之重。以南方电网公司为例，公司内部已提出要筑牢以业务部门、风险管理部门、内部审计部门为核心的风险管理"三道防线"，完善风险管理及应急管理等相关制度，构建全员参与的全面风险管理体系。

此外，由于金融风险是随着宏观经济形势与政策环境持续演变的，金融部门需要在此基础上对不断变化的风险有充分的分析和认识。作为影响民生的基础设施企业，南方电网公司还应对自身可承受的最大金融风险有充分认识，并做好应对措施与预案。

（二）风险识别与预警

项目风险的识别要融入全流程，投前介入项目调查，明确项目尽调清单及问题清单，投中对合同进行合法合规性审核，确保风控意见落实到位，投后建立风险跟踪检查机制。通过改进风险管理技术，提高风险管理信息化水平，建立各类风险监控模型，可对管理中项目的表现进行实时监控，发现超出阈值的数值要及时进行调查。统筹各金融业务，不定期开展重大风险的识别、风险的评估与计量、风险监控与预警，以及风险报告工作，全面把控所面临各种类型重大风险的实际水平，以及集团整体金融风险水平。

（三）风险汇报与管理

风险处理后，对风险的发生机制和造成的影响进行评估可以进一步优化风险管理流程。相关部门和单位的风险管理工作应加强统一领导和组织协调，规范风险与合规管理报告内容、频率和路径，提升风险管理流程与工作效率。同时，还应建立风险问责机制，完善与风险相关的绩效考核指标，明确风险与合规管理主体责任。

在信息化高速发展的大背景下，金融风险管理也需要借由信息化管理平台，逐步实现风险管控的目标。在全面掌握并分析各金融业务业态与风险特征后，积累一定量有效的风险数据，在确保风险隔离和客户信息合规安全的前提下，分阶段建设风险管控信息系统平台，实现全面风险智能化管控的目标。

二、加强环境及社会风险管理

环境及社会风险防控是绿色投融资风险管理的重要内容。项目的环境及社会负面影响可能导致项目方无力偿还贷款、抵押物（如土地）价值贬损及声誉受损，最终增加投资方的信用风险、抵押风险及声誉风险。

（一）环境及社会风险类型

国际金融公司（The International Finance Corporation，IFC）的《环境和社会可持续性绩效标准》列示了主要的环境及社会风险类型：

- 绩效标准 1：环境和社会风险与影响的评估和管理；
- 绩效标准 2：劳工和工作条件；
- 绩效标准 3：资源效率和污染防治；
- 绩效标准 4：社区健康、安全和治安；
- 绩效标准 5：土地征用和非自愿迁移；
- 绩效标准 6：生物多样性保护和生物自然资源的可持续管理；
- 绩效标准 7：土著居民；
- 绩效标准 8：文化遗产。

绩效标准 1 综合评估以识别项目的环境与社会影响和风险，以及整个项目周期内对环境和社会绩效进行管理。绩效标准 2 至绩效标准 8 确立了避免和在最大程度上降低对员工、受影响社区和环境带来风险和影响，以及如果仍存在残余影响，补偿 / 抵消这些风险和影响的目标和要求。虽然所有相关的环境与社会风险和潜在影响都应被视为评估的一部分，但绩效标准 2 至绩效标准 8 描述了需要特别关注的潜在环境与社会风险和影响。这些环境或社会风险和影响一旦确定，IFC 要求通过符合绩效标准 1 的环境和社会管理系统来对它们进行管理。

（二）环境及社会风险评估议题

环境及社会风险的具体评估议题需要结合项目的类型、行业及所在地具体分析。表 9-3 列示了 IFC 提出的环境、健康与安全通用议题，这些议题作为国际最佳实践已得到广泛认可和应用，可作为评估参考。

表 9-3　　　　　　　　　环境及社会风险评估议题参考

环境及社会风险评估议题	
环境	1.大气排放物和环境大气质量
	2.节约能源

环境及社会风险评估议题	
环境	3. 废水和环境水质量
	4. 节水
	5. 危险物质的管理
	6. 废弃物管理
	7. 噪声
	8. 土地污染
职业健康与安全	1. 一般设施的设计和运行
	2. 沟通和培训
	3. 人体危险
	4. 化学危险
	5. 生物危险
	6. 放射性危险
	7. 个人防护用具（PPE）
	8. 特别危险环境
	9. 监督
社区健康与安全	1. 水的质量和供应
	2. 项目基础设施的结构安全性
	3. 人身安全和防火安全（L&FS）
	4. 交通安全
	5. 运输危险物质
	6. 疾病预防
	7. 紧急情况应对准备和处理
项目施工和项目拆除	1. 环境
	2. 职业健康与安全
	3. 社区健康与安全

（三）环境及社会风险防控体系

完善的环境及社会风险防控体系应覆盖项目投资的全流程，包括投前风险识别和评估、投后风险监测和管理（见图 9-3）。其中，环境及社会风险识别也包括对风险进行初步分类，为尽调阶段的风险评估提供基础。必要时，可实行准入机制，制定行业禁投清单。

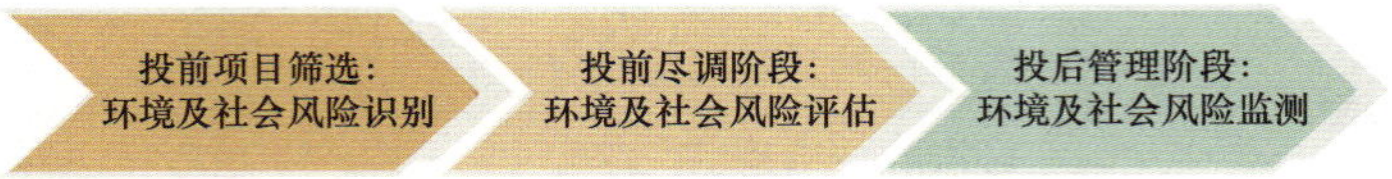

| 投前项目筛选：环境及社会风险识别 | 投前尽调阶段：环境及社会风险评估 | 投后管理阶段：环境及社会风险监测 |

图 9-3　环境及社会风险防控流程

在实际操作中，对项目的环境及社会风险分析评估需要结合金融产品类型及项目所属行业进行具体考量。例如，绿色债券的项目评估已有完善的流程和体系，可请第三方机构进行认证；绿色公募基金的投资标的较通常是成熟的上市企业，可通过公开信息和企业自主披露了解项目情况，从多维度进行相对标准化的环境及社会风险评估。而绿色股权投资能从公开渠道获取的项目信息较少，风险评估需要建立在详细的项目访谈和调研基础上，评估指标的设置要结合项目的发展阶段保留一定的灵活度，在投后管理中可协助项目提升环境及社会风险管理能力。此外，不同行业的环境及社会风险评估有不同的侧重点。例如，基础设施建设项目需要考虑对项目所在地生物多样性的影响，节能减排项目要重点评估废弃物排放及减排情况。

项目投资后，应定期与项目方进行沟通，持续监测项目环境与社会风险。当项目出现环境风险预警或环境效益未达预期时，可积极行使股东权益，帮助提升被投项目的风险管理能力，实现环境目标。如果在监测过程中发现项目的环境社会风险管理情况仍有待改善，可通过行使股东权益、参与项目管理和 / 或运营等方式对被投项目实施合理影响，例如，协助项目方制定环境社会风险管理政策，分配相关职责；要求项目所属公司的董事会对环境与社会风险管理绩效负责等。

第三节　数字化支撑体系

金融科技通过大数据、人工智能、物联网、云计算、区块链等数字技术应用，能有效缓解相关痛点和难点。绿色金融引导更多社会资本投向绿色产业，离不开数字技术的支撑。

数字科技在绿色金融领域的应用逻辑❶ 如下。

（1）科技通过降低数据成本、增强数据的可获得性，量化环境风险和机遇，推动投资决策的"绿色"化。

（2）数字科技将投资人和绿色投资机遇更紧密联结，发掘金融资源，促进绿色金融的普惠和创新。

（3）绿色数字金融推动商业模式创新，帮助实体企业绿色发展，最终实现可持续发展目标。

绿色金融业务的数字化支撑体系应以现有的信息化平台为基础，把降低数据成本、推动绿色金融产品创新和开创新兴商业模式三个方面作为阶段性目标进一步推进和完善。

一、降低数据成本，量化环境风险与机遇

分布式数据库、大数据和云计算等技术能从环境和金融监管部门、社交媒体及企业披露信息等多渠道实时采集绿色企业、项目或实际经营者信息，并将不规则数据标准化，形成用户画像，再通过机器学习，进一步完善标准化、社会化的征信记分系统和信用评估模型，实现征信分数的周期化更新。通过对积累的绿色项目数据深度学习，项目库建设可从人工筛选逐步过渡到人工智能自主筛选入库项目，缩短入库审批周期的同时，大大降低了数据获取成本并提高了数据及时性和精确性。同时，合理运用数字化技术实时监测绿色项目库内项目各项数值的动态变化，定期形成反馈分析报告，有助于完善绿色项目的识别机制，筛选更优质的绿色资产，并有效规避绿色项目"泛绿""洗绿"等问题，达到量化环境风险与机遇的目的。

企业可在如下方面完善企业绿色金融数字化支撑设施建设：

---

❶ 联合国环境规划署《绿色数字金融》（*Green Digital Finance*）报告。

（1）通过金融业务系统搜集客户绿色信息，增加绿色产业、碳排放、气候变化相关数据的采集，构建数据库底层绿色信息。

（2）在账户信息管理系统和客户基础数据管理系统中增加绿色（信用）信息管理模块。

（3）在信用风险监测体系中加入环境与社会风险监测指标。

（4）建立绿色项目储备库时，应用大数据、人工智能等技术，提高其数字化水平，提高数据时效性和精确性。

（5）加快建设碳足迹监测系统和碳资产评估系统。

二、推动产品创新，吸引潜在投资者

大数据和人工智能等的应用能优化环境效益计算模型和转型风险因子评价，协助对金融产品的合理定价，实现精确评估创新产品总体收益率，促进绿色金融产品的创新。如上一节叙述，基于所收集到的客户、项目的绿色信息、碳排放等底层数据支持，人工智能技术可以针对不同风险偏好和规模需求的用户，自主开发和匹配差异化风险、期限的全品类绿色投资产品，吸引长尾市场投资者进入绿色金融领域。从个人用户的角度来看，个人碳账户的数据来源于在线支付等若干类常规行为的折算，统计口径相对狭窄。未来如果个人碳减排活动被允许接入碳交易市场，可以应用人工智能、大数据等，有序扩大个人脱敏减碳行为信息采集范围，制定个人减排计算指导标准，以自愿参与实施的减少温室气体排放和增加绿色碳汇等行为产生的减排量为标的，推出面向个人消费者的绿色金融产品，灵活参与碳金融市场交易。

基于现有金融业务情况，企业可考虑如下方向的绿色金融产品创新：

（1）新能源汽车、充电桩建设等消费信贷。

（2）通过人工智能技术进行客户画像，为绿色金融目标客户提供个性化的金融服务方案。

（3）结合新能源产业的风险周期管理需求，开发相关保险产品。

（4）开发创新型碳金融产品，如碳排放权（抵）质押融资、附加碳收益的绿色债券等。

三、简化工作流程，提高绿色金融服务效率

大数据和人工智能技术的应用能有效简化绿色项目的识别认证程序。通过与绿色信用信息系统等底层数据平台对接，系统构建绿色项目融资方的关系网络，自动生成环境效益评估等一系列报告，建立智能化的绿色资质认证流程，这可以大幅度缩短绿色认证周期，并减少自行提交资料比重和人工执行尽职调查流程。此外，区块链技术可以协助建立包括绿色企业、上下游供应商、金融机构和环保监管机构等多方参与的绿色供应链金融体系，打破数据和信息的壁垒，为企业提供一体化的金融供给体系和风险评估体系，提供系统性的金融解决方案。绿色项目贷款信息等数据可通过该体系实时上传，并在区块链记录绿色项目相关绿色指标变动情况、历史合同履行情况、非敏感财务数据等，实现从原料到成品的全流程可追溯，在对绿色项目资金使用进行有效监管的同时，定位绿色金融需求。

企业建立完善数字化支撑体系，可从如下方面提升绿色金融服务效率。

（1）建立健全多方参与的绿色供应链金融体系，进行资源整合，为产业链上下游企业和个人用户提供更便利的多场景金融服务。

（2）优化业务流程，打破系统间壁垒，丰富运营场景，满足以客户为中心的线上化运营和客户服务。围绕客户生命全周期进行智能化升级，提升客户体验和经营效率。

（3）支撑企业级运营管控平台、数字化业务中台、数据中台的建设和运营。

第四节　南方电网公司绿色金融体系

作为能源电力行业的重点企业，近年来，南方电网公司产业金融板块落实"双碳"工作要求，坚持以融促产、以融强产、产融结合，面向能源产业价值链全面构建包含绿色信贷、绿色保险、绿色基金、绿色租赁、碳金融等产品的绿色金融体系，不断提升金融服务绿色项目的能力，推动安全、可靠、绿色、高效、

智能的现代化电网建设，为新型电力系统和新型能源体系建设提供金融支持。

一、南方电网公司推动绿色金融业务体系化

南方电网公司坚持服务"双碳"目标，以融促产、以融强产、产融结合，以"绿色金融服务者、绿色项目实施者、绿色生态推动者"的定位，构建包含绿色金融产品体系、绿色项目支持体系、数字化支撑体系和风险防控体系在内的绿色金融体系，具体如图 9-4 所示。

图 9-4　具有南方电网特色的绿色金融体系结构

该体系的主要特色包括：

（1）能源枢纽。充分发挥公司能源产业价值链核心地位与平台型企业优势，

鼓励引导金融服务聚焦公司内部及产业链上下游的清洁能源、储能、电动汽车、节能减排技术等绿色能源业务，建立互利共赢能源产业金融生态圈。

（2）央企属性。坚持以融促产、以融强产、产融结合，不断提升金融服务绿色低碳产业发展能力，服务实体经济建设，抓好本质安全工作，严控金融风险，在"碳达峰、碳中和"工作中切实履行好政治责任、经济责任、社会责任，展现南网风采与央企担当。

（3）区位优势。发展绿色金融的过程中，利用好粤港澳大湾区、深圳中国特色社会主义先行示范区、海南自贸港的区位优势和一系列绿色金融支持政策。

（4）服务"双碳"。聚焦服务"双碳"目标，围绕全国碳市场建设，创新设计碳金融产品和碳资产管理服务，助力碳交易市场健康发展。

该体系的主要内容包括：

（1）构建绿色金融产品体系，丰富金融业务与产品种类。洞察和挖掘公司内部及能源电力产业链上下游企业的金融服务需求，逐步丰富完善绿色信贷、绿色债券、绿色保险、绿色基金、绿色投资、绿色融资租赁等在内的金融产品体系，提供多元化、个性化的绿色金融产品，为客户提供一站式综合绿色金融服务。积极参与全国碳市场建设，创新开展碳基金、碳保险、碳资产管理等碳金融业务，不断丰富产品种类，形成绿色金融产品库。

（2）构建绿色项目支持体系，积极服务实体经济。按照国务院国资委绿色产业指导目录等行业标准，系统梳理公司系统及产业链上下游的优质绿色资产，积极拓展市场化绿色项目，形成涵盖光伏、风电、储能、特高压、绿色建筑、环保设施、充换电设施等领域的绿色项目储备库。不断加强金融业务与公司各业务板块的产融协同，提升绿色金融服务主责主业的能力，以金融业务支持项目建设，实现以融促产、以融强产、产融结合。

（3）构建数字化支撑体系，建设绿色金融生态圈。基于云计算、大数据、区块链、物联网、移动互联等技术，完善数字化平台。进一步应用现有碳中和融资租赁服务平台、南网融E、南网E链、金融业务系统2.0等供应链金融业务平台推广绿色金融业务。同时，探索发展的"碳足迹"监测跟踪、碳减排计量、低碳认证等业务，提升数字化支撑能力。通过数字化支撑体系，持续提升绿色金融运营效率，推动构建合作共赢的能源电力行业绿色金融生态圈。

（4）构建风险防控体系，严格防控金融风险。一是加强各项常规金融风险防控。做好风险识别，强化投前风险评估；加强风险监控和风险分析，动态跟踪项目实施过程中的风险，及时预警风险；风险应对，明确风险应对计划，严防风险传递。应用信息化手段构建全面风险管理体系，保证金融业务风险可控、在控，着力培育风险合规文化。二是做好绿色项目环境风险管理。建立健全绿色项目审核机制，加强对强制减排要求下有关风险等的防范，将环境风险评估等内嵌到日常业务流程中，积极探索环境风险量化方法和工具等。

二、南方电网公司在绿色金融领域取得的实践成果

南方电网公司在构建绿色金融体系的同时，在实践层面也开展了积极探索。公司与 2021 年先后印发《南方电网公司加快推进绿色金融体系建设指导意见》及《南方电网公司产业金融业务"十四五"发展规划》，两份文件对南方电网公司绿色金融业务的发展进行了顶层设计，确立了推进绿色金融业务的总体要求以及十五项具体工作任务。

2021 年，南方电网公司累计完成绿色金融业务规模 215 亿元，服务范围辐射全国。成功发行全国首批碳中和债券 20 亿元、全国首支碳中和资产支持票据 16 亿元，设立"南网双碳"系列产业基金 2 支，新增募资 28 亿元，参与了"双碳"目标提出以来中央企业规模最大的新能源项目——中广核新能源股权投资。公司还成立了全国首个碳中和融资租赁服务平台，项目签约规模超过 18 亿元。该平台充分利用区块链、大数据、人工智能等数字技术，创新融资租赁服务模式，建立与碳排放量挂钩的浮动利率机制，根据碳减排考核目标达成效果实施阶梯式的融资利率，引导客户由被动减排向主动减排转变。该平台推动包含海南文昌燃气—蒸汽联合循环电站直租项目、广灵上墨家沟 50 兆瓦风电直租项目、濮阳清丰县 30 兆瓦风电直租项目、乌海英能 100 兆瓦光伏直租项目、阳江赤坎 50 兆瓦光伏回租项目、潞城盛洋 40 兆瓦光伏回租项目在内的 6 个项目成功落地。

2022 年，公司产业金融板块综合运用绿色信贷、绿色融资租赁、绿色保险等多种绿色金融产品，服务公司及产业链上下游智能电网、清洁能源、抽水蓄能、新型储能、特高压、电动汽车等项目建设与运营，共计为系统内项目提供了 236.08 亿元的金融服务，并为产业链上下游项目提供了 201.47 亿元的金融服务，积极助力安全、可靠、绿色、高效、智能的现代化电网建设，并推动新型电力系统与新型能源体系发展。"碳金融"业务实现零的突破，研发"绿色项目＋融资＋评估"融融协同新模式，引入 65 亿元低成本资金，存续期间预计降低成本 1.17 亿元。推动南方电网储能股份有限公司完成重大资产重组，重组过程中配套募集绿色股权资金 80.02 亿元，募资规模位列 A 股历史同类型项目第二。研发设计行业内首款电化学储能系统财产一切险、电化学储能系统责任险。

未来，南方电网公司将深入贯彻落实国家"双碳"战略，发挥以融促产、以融强产功能，助力公司新型电力系统与新型能源体系建设。一是持续推进创新发展。深入了解客户在新型储能、动力电池、抽水蓄能等方面的金融需求，创新开发绿色金融产品，探索发展碳配额融资业务可行性。强化融融协同力度，研究将绿色评估与产业基金、融资租赁等业务融合发展，不断提高业务发展质量。二是提升内部客户服务水平。充分掌握系统内客户在智能电网、抽水蓄能、特高压、新型储能等方面的金融需求，做好客户服务工作，节约客户融资成本，为客户提供全方位综合绿色金融服务。加大与外部银行的合作力度，持续引入碳减排支持工具等政策性资金，用好国家政策红利支持公司绿色低碳转型发展。三是加大外部拓展力度。发挥产业链"链长"优势，沿供应链上下游扩大客户服务范围，以更优惠的阶梯化利率引导客户主动降碳减排，增强市场竞争力。四是打造南网绿色金融产品品牌。积极参与绿色金融相关标准制定工作，并推动标准向地区标准、行业标准、国家标准发展，持续增强公司绿色金融业务在行业里的影响力与话语权，获得更多客户的认同与青睐，树立良好的央企形象。

第十章　绿色金融发展建议及未来展望

随着新型能源体系和新型电力系统建设的深入推进，能源电力行业将承担更重要的使命与责任，而绿色金融也将在能源电力企业的绿色转型发展中发挥关键作用。但目前能源电力行业发展绿色金融仍面临机制不健全、统计方法不完善、激励机制不足、产品不能完全满足需求等一系列问题和挑战。本章将站在行业和企业角度，为绿色金融的未来发展提出建议，同时对绿色金融的未来发展趋势进行展望。

第一节　行业发展建议

（1）加快绿色金融立法进度，完善绿色金融发展的顶层设计。加快制定并出台操作性强、体系化的法律法规，涵盖制度建设、行业标准、指标设计等方面，为各级政府、金融机构、市场主体和中介机构提供法律规范。信息公开方面，进一步强化金融机构环境信息披露，可效仿国际通用的 ESG 披露设计经验，帮助市场和各类主体克服市场信息不对称问题，并增加监管执行力度。持续发展碳排放权交易市场和碳金融市场，提升碳市场交易规模与活跃度，同时规范运行机制，以市场化的方式实现控碳减排。此外，进一步推动各部门统筹协调，特别是行业主管部门和金融监管部门的沟通协调机制。能源电力行业应积极推动电力交易体系与碳交易体系逐渐打通，统筹规划电—碳市场发展。

（2）加大激励力度，鼓励开辟绿色金融市场建设，拓宽盈利空间。继续采取有效的激励措施，完善激励机制，在财政补贴、税收减免和金融优惠等方面发力，提高金融机构和市场主体参与积极性。考虑将绿色金融与开发 PPP、REITs 等金融工具协同配合，鼓励绿色金融和衍生产品及多种投融资方式相结合，增加绿色金融盈利能力与水平。对绿色金融创新产品给予更多政策支持，开拓商业场景，进一步扩展绿色金融产品的应用场景。此外，针对绿色金融当下融资成本较高的问题，应完善利益补偿机制，保障绿色金融健康持续发展。开辟政策性保险业务作为支持，探索建立金融风险分担机制，引导担保公司开展绿色金融担保业务。可成立特定基金作为绿色金融工具的补贴激励。在风险控制方面，加强监管力度和信息披露，减小风险因素对于绿色金融产品盈利能力的制约。

（3）提升绿色金融创新产品的开发力度。积极研发新型绿色信贷、绿色债券、绿色基金及绿色保险等多元化的绿色金融产品，推动绿色产品多样化发展。绿色信贷方面，鼓励拓宽商业银行放贷范围，为中小微企业取得绿色贷款创造条件，同时通过政策支持增加商业银行发放绿色信贷比例；加强市场衔接，紧密结合碳市场、电力市场等开展绿色信贷业务，面向 CCER、绿证等丰富信贷产品类型。绿色债券方面，继续鼓励经济实体通过发行绿色债券融资，对于节能减排企业、环保项目和生态工程在发行绿色企业债券方面提供绿色通道。绿色基金方面，通过政府财政划拨资金等方式筹集绿色产业基金，对绿色企业产品开发进行直接投资，或采用投资控股的方式。也可以与当下的 REITs 投资相结合，鼓励探索使用碳排放权、排污权、用能权、用水权等收益权，以及知识产权、预期绿色收益质押等增信担保方式。绿色保险方面，鼓励保险公司开发绿色保险产品，注重与信贷机构之间建立有效的联动机制，将企业投保环境污染责任险与其各项环境评估结果、获取信贷的资质等挂钩。

（4）扩大绿色金融应用范围，提高绿色金融参与率。现阶段，我国绿色金融市场参与度并不高，需要强化绿色发展理念意识，加大对绿色金融的宣传普及力度，引导企业注重绿色发展。进一步完善激励机制，采取更有效的激励措施提高市场参与度，引导企业和金融机构主动参与绿色金融产品的使用。决策层应当不断落实财政补贴、税收减免和金融优惠等优惠政策，提高绿色金融的市场关注度和吸引力。可将中小微企业和欠发达地区作为推广绿色金融的突破口，政策性银行带头开拓新的绿色金融应用行业和应用场景。政府、市场主体和金融机构应重视绿色金融人才培养，鼓励财经类院校开拓绿色金融专业人才培育体系。

第二节　企业发展建议

（1）积极向主管部门建言献策，参与绿色金融标准制定。能源行业的低碳转型势在必行，通过在绿色金融标准起草制定、政策研究等阶段积极发挥作用，能够提升企业在能源行业绿色转型发展过程中的话语权和影响力，促进企业绿色金融业务发展与影响力相匹配。待具备一定的工作基础后，建议积极向主管部门建言，在碳配额相关政策、激励与考核政策等方面进一步争取支持，参与绿色金融相关行业标准的制定。目前《绿色产业指导目录》中仅包含智能电网的建设与运营，有很大一部分新型电力系统建设项目还未能纳入《绿色产业指导目录》，能源电力企业应积极推动新型电力系统项目纳入《绿色产业指导目录》，便于利用绿色金融工具开展项目融资，降低融资成本。

（2）做好顶层规划设计，建设具有企业特色的绿色金融体系。在制订绿色金融发展规划与实施方案时，应强化组织领导，将企业相关发展战略和产业金融规划做好衔接；在制定绿色金融相关制度时，应长远规划，统筹考虑，设计科学的发展目标。对内，要加强沟通协同，建立职责清晰、协同有效的绿色金融运营组织方式，推动绿色金融高效运转。对外，要积极对接国际、国内标准，并推动建立企业绿色金融标准体系和评价体系，促进企业绿色金融长效发展。

（3）加强产品设计和创新，打造多样化绿色金融产品。综合考虑各类绿色金融产品和工具的政策符合性、市场规模、经济性、成长性和发展基础，立足企业自身发展情况，洞察和挖掘企业内部及能源电力产业链上下游企业的金融服务需求，围绕能源产、供、储、销等环节，提供多元化、个性化的绿色金融产品和服务。

（4）搭建贯穿产业链上下游的绿色项目支持体系，建立绿色项目储备库。在"双碳"目标下，除新能源相关各领域外，绿色交通、绿色基础设施、绿色建筑等行业也是亟须资金支持的绿色低碳转型项目。能源电力企业应充分借鉴国内外先进经验，积极建立具有针对性、符合企业投资理念和业务布局的绿色项目储备库，严格制定并落实项目入选标准，将绿色金融的服务范围适度延伸，为绿色投融资提供真正优质的绿色项目，避免"泛绿""洗绿"等问题。

（5）完善风险防控体系与数字化支撑体系，服务绿色金融体系发展。加强环境与社会风险的识别与管理，参考国际先进实践和指引，对项目进行环境及社会风险分析评估。根据绿色金融产品类型、项目所属行业特性制定和运用不同的环境及社会风险评估方法。建立健全数字化支撑体系，充分运用云计算、大数据、人工智能等手段丰富金融产品供给，提高金融服务质量和金融风险防控水平。建立部门间协同机制，打破阻碍绿色金融业务发展的数据壁垒，提升业务流程各环节效率，为发展绿色金融业务提供有力保障。

第三节　未来展望

目前，我国已成为全球最具发展潜力的绿色金融市场，业务规模和各项指标数据均位居全球前列，对绿色实体经济的支持成效显著。未来，我国将继续完善绿色金融的政策和市场体系，发挥绿色金融的资金引导作用，将绿色资金与国家重大战略相结合，实现全社会经济的全面绿色转型。展望未来绿色金融的发展之路，我国绿色金融将在发展质量、盈利能力及国际影响力方面取得突破。

（1）我国绿色金融将从规模扩张顺利过渡到质量提升。一是持续提升标准化水平和国际化水平，当前我国绿色金融市场正在加快建立和形成国内统一的绿色金融标准体系，涵盖绿色债券、绿色项目、环境披露、权益融资等，同时也以此为出发点，参与国际标准的制定和完善，进一步扩大中国在全球绿色经济中的大国影响力和话语权，不断获得国际绿色资金的关注和支持，实现国内绿色金融市场的国际化水平提升，从而加快跨境绿色资金流动，降低国际绿色投资壁垒并打破绿色资金门槛。二是中国的绿色金融在顶层设计的指导下，政策体系不断完善和健全，市场环境不断优化，融资条件不断改进，绿色资金的目标导向型程度越来越高。以绿色项目目录和分类口径为基础，完善绿色金融的支持作用，不仅实现了绿色产业资金布局的精准性和有效性，也有助于绿色金融与"碳达峰、碳中和"阶段性目标的深度融合，在不同时段分别实现对目标行业的精准直达，例如在初期支持能源清洁化与绿色基础设施建设、孵化绿色科技创新产业，在能源和技术等相关领域进入成熟阶段后，后期加大零碳与负碳技术的投入，同时根据行业差异分别对不同高排放行业提供持久的、长期的转型支持，满足众多非绿产业和碳密集型产业的潜在绿色需求，扩大绿色金融的行业服务范围。三是随着绿色金融体系和实践的不断发展，可投资、可融资的投融资体系将逐步建立，典型案例的不断推广将建立行业共识，推动绿色金融不断向前发展。

（2）绿色金融的盈利属性将不断得到充分发掘。中国完善政策体系、建立良好的市场环境，有助于不断挖掘和提升绿色产业和绿色金融的潜在盈利属性。随着清洁生产与高碳高排放生产之间的成本差异"绿色溢价"不断降低，绿色生产生活方式的成本逐渐降低甚至与高耗能、高排放的生产成本相近。届时，绿色经济将不再仅仅属于政府提供的公共品，市场主体将充分挖掘绿色产业的潜在盈利能力，且不仅在于绿色生产的成本减低，还在于污染排放本身的环境成本提升，从而企业让有能力也有意愿转向绿色生产，提升绿色融资的积极性。同时，挖掘生态价值实现机制也是未来中长期内绿色金融持续发力的重要领域，绿色金融通过工具和服务创新，不仅可有效降低企业的融资成本，还可实现对具备生态固碳能力的环境权益的价值确立，从而进一步从源头上推动生态环境治理，并实现生态产品的经营开发与市场化水平提升，将生态价值纳入社会财富系统之中，同时实现企业的经济盈利和环境价值。

（3）绿色金融将成为中国绿色经济与可持续发展走出国门、走向全球的重要支撑力量。具体而言，表现在三个方面：一是在未来数十年内的全球气候治理进程中不断提供中国绿色资金，为应对气候变化贡献中国力量。当前，全球低碳转型进程对绿色资金的需求较高，尤其是发展中国家的资金缺口越来越大，中国通过建立和完善绿色金融政策与市场发展框架，有助于在世界范围内形成高效的国际绿色投融资模式，盘活更多的国际资金为全球绿色低碳产业提供金融支持，建立起跨国绿色投融资市场，引导世界资金满足发展中国家的绿色融资需求。二是中国通过蓬勃发展的绿色金融市场，将建立起能撬动全球绿色金融业的绿色金融中心，不仅能推动中国绿色金融标准走向全球，更能促成合作创新国际性的绿色基金和绿色信托并在中国落地，还能帮助国内信用主体发行海外绿色债券获得融资，满足其绿色产业的国际资金需求，以中国绿色金融中心为支点，撬动整个亚洲乃至世界的绿色市场。三是借助绿色金融投资项目创新，不断引导绿色资金流向，引领全球绿色产业发展进程的前进方向，通过为全世界提供中国绿色案例，不断扩大中国在应对气候变化和支持实体经济绿色低碳转型的国际领导力和影响力。

参考文献

[1] 安伟. 绿色金融的内涵、机理和实践初探 [J]. 经济经纬, 2008（5）: 156-158.

[2] 卞科嘉. 碳达峰、碳中和背景下融资租赁发展机遇研究 [J]. 现代商业, 2022（23）: 120-122.

[3] 陈海若. 绿色信贷研究综述与展望 [J]. 金融理论与实践, 2010（08）: 90-93.

[4] 范德成, 张修凡. 绿色金融改革创新对低碳企业可持续发展能力的影响研究 [J]. 科学管理研究, 2021, 39（03）: 85-90.

[5] 方琦, 钱立华, 鲁政委. 金融支持"双碳"目标的新趋势——2023年绿色金融趋势展望 [J]. 金融与经济, 2023（01）: 3-14.

[6] 高建良. "绿色金融"与金融可持续发展 [J]. 金融理论与教学, 1998（04）: 20-22.

[7] 国际金融论坛. 2021年全球金融与发展报告 [R]. 北京. 2021.

[8] 郭树华, 毕福芳, 张俊杰, 等. "双碳"目标下企业绿色债券发行利率影响因素研究 [J]. 价格理论与实践, 2022, 458（08）: 101-105.

[9] 和秀星. 实施"绿色金融"政策 促进可持续发展战略 [J]. 青海金融, 1998（10）: 4.

[10] 黄卓, 王萍萍. 金融科技赋能绿色金融发展: 机制、挑战与对策建议 [J]. 社会科学辑刊, 2022,（05）: 101-108.

[11] 林宇星, 刘遵乐, 吴文鑫. 绿色金融发展背景下绿色信贷激励政策效果研究——基于DSGE模型的模拟分析 [J]. 金融发展评论, 2023, 157（01）: 25-41.

[12] 金鹏辉. 公司债券市场发展与社会融资成本 [J]. 金融研究, 2010

（03）：16-23.

［13］鲁政委，钱立华，方琦. 碳中和与绿色金融创新［M］. 北京：中信出版社，2022.

［14］马骏. 论构建中国绿色金融体系［J］. 金融论坛，2015，20（05）：18-27.

［15］马骏. 推进金融机构环境风险分析［J］. 中国金融，2018（02）：16-18.

［16］潘岳. 谈谈环境经济新政策［J］. 环境经济，2007（10）：6.

［17］清华大学国家金融研究院绿色金融研究中心. 绿色金融［M］. 北京：中译出版社，2022.

［18］孙鹏程，贾婷，成钢，等. 排污权有偿使用和交易制度设计、实施与拓展［M］. 北京：化学工业出版社，2017.

［19］唐凯桃，宁佳莉，王垒. 上市公司 ESG 评级与审计报告决策——基于信息生成和信息披露行为的视角［J］. 上海财经大学学报，2023，25（02）：107-121.

［20］王丽萍. 低碳经济与排污权交易研究：以河南省为例［M］. 北京：中国经济出版社，2018.

［21］王信. 绿色金融发展和气候风险管理［J］. 金融经济，2021，541（07）：3-9.

［22］王遥，潘冬阳，彭俞超，等. 基于 DSGE 模型的绿色信贷激励政策研究［J］. 金融研究，2019，473（11）：1-18.

［23］王遥，任玉洁. "双碳"目标下的中国绿色金融体系构建［J］. 当代经济科学，2022，44（05）：1-13+139.

［24］王遥，徐楠. 中国绿色债券发展及中外标准比较研究［J］. 金融论坛，2016，21（02）：29-38.

［25］王营，冯佳浩. 绿色债券促进企业绿色创新研究［J］. 金融研究，2022，（06）：171-188.

［26］武龙，李颖颖，杨柳．ESG 信息披露影响企业信贷可得性吗［J］．金融与经济，2023，549（04）：19-30.

［27］吴婷婷，王通达．绿色信贷能促进企业绿色转型吗［J/OL］．中南财经政法大学学报，2023（05）：1-14.

［28］熊思琴，高红．绿色金融发展研究——以深圳市为例［M］．北京：北京大学出版社，2019.

［29］叶林，邓睿彬．绿色金融推动实现"双碳"目标的路径探讨——基于政策工具的分析［J］．地方治理研究，2023，（01）：52-64+80.

［30］袁家海，吴梦雅．中国煤电企业环境压力测试［J］．中国环境管理，2018，10（06）：43-54.

［31］张超，李鸿禧．绿色债券定价观察与经济转型思考［J］．清华金融评论，2021（08）：70-72.

［32］张帅，陆利平，张兴敏，等．金融系统气候风险的评估、定价与政策应对：基于文献的评述［J］．金融评论，2022，14（01）：99-120+124.

［33］张小可，葛晶．绿色金融政策的双重资源配置优化效应研究［J］．产业经济研究，2021，115（06）：15-28.

［34］张兆芹，王秋雨，张少华．我国债券市场的绿色溢价研究——来自非金融企业绿色债券的证据［J］．金融理论与实践，2023，523（02）：35-47.

［35］郑颖昊．经济转型背景下我国绿色债券发展的现状与展望［J］．当代经济管理，2016，38（06）：75-79.

［36］中国工商银行环境因素压力测试课题组，张红力，周月秋，马骏，殷红，马素红，乐宇，杨荇，邱牧远．环境因素对商业银行信用风险的影响——基于中国工商银行的压力测试研究与应用［J］．金融论坛，2016，21（02）：3-16.

［37］中国人民银行研究局课题组．气候相关金融风险——基于央行职能的分析［J/OL］．PBC Working Paper No. 2020.

［38］中国人民银行研究局课题组．2021 年我国绿色债券市场发展回顾与展望［J］．债券，2022，118（04）：55-58.

〔39〕中央财经大学绿色金融国际研究院课题组. 中国绿色金融研究报告（2022）〔R〕. 北京. 中央财经大学绿色金融国际研究院，2022.

〔40〕周冬华，周花. 绿色债券获得投资者偏好了吗？——基于信用利差的视角〔J/OL〕. 外国经济与管理，2023（11）：1-16.

〔41〕周月秋. 中国绿色金融产品发展与趋势展望〔J〕. 武汉金融，2018（05）：11-17.

〔42〕Beiting Cheng, Ioannis Ioannou and George Serafeim. Corporate social responsibility and access to finance〔J〕. Strategic Management Journal，2014，35（1）：1-23.

〔43〕GLOBAL SUSTAINABLE INVESTMENT ALLIANCE. Global Sustainable Investment Review 2020.〔R〕. 2021.

〔44〕ICMA. Green Bond Principles Voluntary Process Guidelines for Issuing Green Bonds，2018.